Literatura Clássica: Brevíssima Introdução

Coleção Debates
Dirigida por J. Guinsburg
(*in memoriam*)

Equipe de Realização
Revisão técnica e supervisão: Daniel Rossi Nunes Lopes;
Coordenação textual: Luiz Henrique Soares e Elen Durando;
Edição de texto: Luiz Henrique Soares;
Revisão: Marcio Honorio de Godoy;
Produção: Ricardo W. Neves e Sergio Kon.

william allan
LITERATURA CLÁSSICA: BREVÍSSIMA INTRODUÇÃO

Tradução de GITA K. GUINSBURG

Copyright © William Allan 2014

CIP-Brasil. Catalogação na Publicação
Sindicato Nacional dos Editores de Livros, RJ

A42L

Allan, William, 1970-
Literatura clássica : brevíssima introdução / William Allan ;
tradução Gita K. Guinsburg. - 1. ed. - São Paulo : Perspectiva, 2024.
192 p. ; 21 cm. (Debates ; 351)

Tradução de: *Classical literature : a very short introduction*
Inclui índice
ISBN 978-65-5505-191-9

1. Literatura clássica - História e crítica. I. Guinsburg, Gita
K. II. Título. III. Série.

24-93893

CDD: 880.9
CDU: 821.14'02.09

Gabriela Faray Ferreira Lopes - Bibliotecária - CRB-7/6643
12/09/2024 17/09/2024

1ª edição

Direitos reservados à

EDITORA PERSPECTIVA LTDA.

Pç. Dom José Gaspar, 134, cj. 111.
01047-912 São Paulo SP Brasil
Tel: (11) 3885-8388
www.editoraperspectiva.com.br

2024

SUMÁRIO

Prefácio 9

1. História, Gênero, Texto.................... 17
2. Épica 35
3. Lírica e Poesia Pessoal.................... 57
4. Drama................................... 77
5. Historiografia............................ 99
6. Oratória................................. 119
7. Pastoral................................. 131
8. Sátira................................... 143
9. Romance................................. 155

Epílogo 167

Leituras Adicionais........................... 169
Traduções de Clássicos Greco-Romanos.......... 175
Créditos das Ilustrações....................... 187
Índice 189

PREFÁCIO

Uma tão breve introdução merece um prefácio igualmente breve. Sou grato a Andrea Keegan e Emma Ma, editoras sêniors da série Very Short Introductions, por toda a ajuda.

O livro foi escrito na sala de leitura esplendidamente renovada da Staatsbibliothek zu Berlin (Unter den Linden) e estou em dívida com a equipe de lá pela simpatia e auxílio. Eu também gostaria de agradecer a Mike Squire e Chris Whitton pela ajuda com as ilustrações e pelas muitas lembranças felizes da vida em Berlim. Finalmente, minha esposa, Laura Swift, leu o livro com cuidado e o melhorou de inúmeras maneiras pelo que estou extremamente grato a ela, como sempre.

W.R.A.
Berlim, 2013.

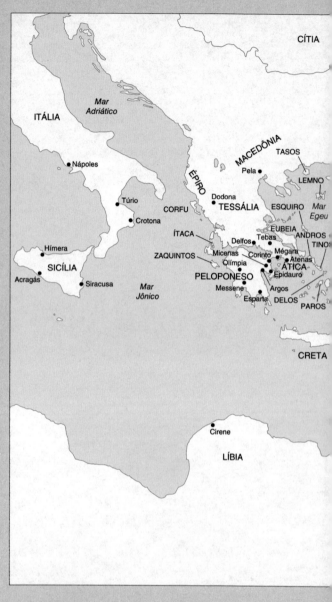

MAPA 1
O mundo grego

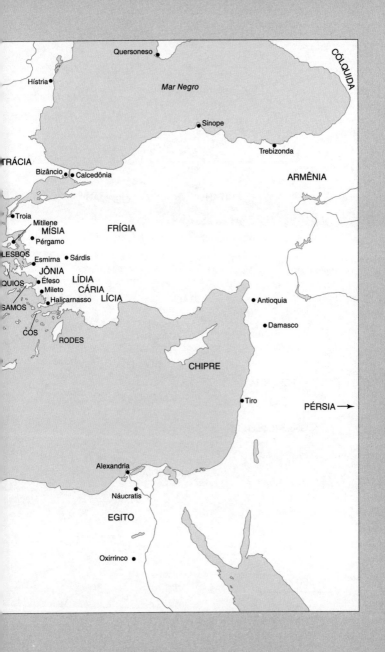

MAPA 2
O Império Romano no tempo de Augusto

HISTÓRIA, GÊNERO, TEXTO

Dar uma breve visão da história da literatura clássica, um período que abrange 1200 anos (c.750 a.E.C. até 500 E.C.), pode parecer trabalho de louco. A título de comparação, os competidores do esquete humorístico Monty Python's All-England Summarize Proust Competition têm um total de quinze segundos para resumir sete romances. Uma tentativa deve, no entanto, ser feita, pois um esboço do terreno será útil para os próximos capítulos em que examinaremos com mais pormenores os gêneros principais da literatura clássica.

A periodização convencional da literatura clássica – falando em linhas gerais, da literatura grega arcaica, clássica, helenística e imperial, e da latina, republicana e imperial (retornaremos a essas divisões posteriormente) – espelha pedaços familiares da história antiga. É comum que as periodizações históricas e literárias andem juntas no estudo de uma literatura específica (inglesa, francesa, alemã etc.) uma vez que a maioria das pessoas aceita que podemos traçar uma mudança histórica por intermédio da literatura.

De fato, todas essas periodizações são construções artificiais, criadas pelos estudiosos após os eventos. Na realidade, não podemos desenhar uma nítida linha dividindo o período literário do histórico, uma vez que um flui dentro do outro. Mas com algumas ressalvas – isto é, na medida em que cuidamos de não obscurecer as continuidades entre os períodos, ou sugerir que há pequena mudança dentro de uma era específica, ou reduzir o significado de um texto particular ao fato de que expressaria uma suposta visão da época "arcaica" ou de "Nero" – a costumeira divisão em períodos pode ser útil. Afinal, as formas literárias se desenvolvem no tempo e estão ligadas a amplas mudanças políticas e culturais, de modo que algum esforço para traçar esses desdobramentos e definir fases particulares é não só desejável como também apropriado.

Além de atuar como indicadores úteis numa ampla extensão de tempo, termos históricos literários podem também apontar diferenças significativas em temas e preocupações centrais entre períodos – compare, por exemplo, as várias relações sugeridas pelos termos "romantismo" e "vitoriano" na literatura inglesa. A tarefa do estudioso se torna mais fácil quando o nascimento de um novo movimento literário é proclamado pelos próprios escritores, como quando no século III a.E.C. o poeta grego Calímaco apresentou um manifesto de literatura erudita e pesquisada, inaugurando o que é frequentemente denominado de estética helenística ou alexandrina. Até quando os escritores não são tão autoconscientes, podemos traçar em retrospecto a emergência de diferentes movimentos, mesmo quando o alegado rompimento com o passado é muitas vezes exagerado, seja pelos próprios escritores ou por críticos posteriores: o comentário jocoso de Virginia Woolf: "Em, ou por volta de, dezembro de 1910, o caráter humano mudou" (do ensaio "Mr. Bennet e Mrs. Brown", de 1924), expressa bem tanto a tentação como o perigo de discernir quebras agudas entre as eras.

Qualquer esboço de períodos literários clássicos às vezes parecerá um curso intensivo de história antiga, mas prefiro pensar nisso como uma coisa boa, afinal, a literatura sempre teve as suas raízes na realidade de seu tempo, mesmo quando vai além dele. Assim, a ficção fantástica antiga (ver capítulo 9) reflete, de forma confusa, os limites do antigo conhecimento do mundo, do mesmo modo que a moderna ficção científica está engajada com os desenvolvimentos tecnológicos e políticos há mais de um século. Grandes obras da literatura podem ser, em algum sentido, "eternas", porém ninguém pode compreender inteiramente a literatura clássica (ou qualquer outra) sem algum conhecimento de seu contexto histórico original.

O colapso da cultura micênica por volta de 1200 a.E.C. foi seguido por vários séculos de história grega na qual era desconhecida a aptidão para a escrita, mas floresciam a poesia oral e a habilidade de contar histórias de várias espécies. Nos primórdios do século VIII a.E.C., os gregos adaptaram o alfabeto fenício para combinar com sua própria linguagem e se inicia a tradição da "literatura" grega (isto é, um registro de textos escritos). Por um golpe de sorte da história, o redescobrimento da escrita coincidiu com o gênio de Homero, de modo que suas grandes obras épicas, a *Ilíada* e a *Odisseia*, compostas entre 700 e 725 a.E.C., não são apenas as grandes obras da literatura clássica, mas também as primeiras (imagine o início da literatura inglesa, ao estilo Big Bang, com Shakespeare). O período a partir dos primeiros Jogos Olímpicos, em 776 a.E.C., até o fim das Guerras Pérsicas, em 479 a.E.C., é convencionalmente conhecido como arcaico, contudo o termo "arcaico" não deve sugerir o significado de "primitivo", pois foi um dos períodos mais experimentais e dinâmicos da literatura grega, e a poesia épica e lírica que sobreviveu está entre as mais impressionantes e sofisticadas jamais escritas (ver capítulos 2 e 3). O período arcaico foi também uma época de expansão e colonização: as cidades gregas enviaram mercadores e colonizadores por todo contorno do Mediterrâneo, desde Massala (atual Marselha) até Náucratis no Egito (aproximadamente a 80,5 quilômetros Nilo acima), e sua diversidade e energia culturais estão refletidas na maioria dos escritores desse período, que provinham de todos os cantos do mundo que falava o grego (ver mapa 1).

Por contraste, a literatura do período Clássico (479-323 a.E.C.), desde a derrota da Pérsia até a morte de Alexandre, o Grande, é dominada por uma única cidade acima de todas, Atenas. A vitória dos gregos contra a enorme força invasora persa não só reforçou o senso de superioridade deles em relação aos "bárbaros" (não gregos), mas também permitiu que os atenienses explorassem uma aliança defensiva original (a Liga de Delos ou Délia, formada para repelir posteriores ataques persas) para seus próprios fins, transformando-a no motor do império ateniense. A riqueza do império, combinada a uma cultura democrática aberta, atraiu intelectuais e artistas de todo mundo grego, fazendo de Atenas o centro cultural da Grécia, "a escola da Hélade" (que corresponde a toda Grécia de então com suas colônias), como Péricles a denominou no seu elogio à cidade (Tucídides, *História da Guerra do Peloponeso* 2.41). Formas literárias floresceram em torno de espaços públicos de performance da democracia ateniense: a tragédia e a comédia em festivais dramáticos subvencionados pelo estado (capítulo 4), a oratória nos tribunais e nas assembleias (capítulo 6), e a historiografia nos círculos de políticos e intelectuais que estavam interessados em compreender (entre outras coisas) por que a Grécia foi bem-sucedida nas Guerras Pérsicas ou por que Atenas perdeu a Guerra do Peloponeso contra Esparta (431-404 a.E.C.; ver capítulo 5). A importância cultural de Atenas sobreviveu à sua derrota para Esparta no fim do século v antes de Cristo, o mesmo ocorrendo com a sua democracia, e o século iv assistiu a uma continuada florescência de importantes escritos, especialmente nas formas de prosa, oratória, história e filosofia (pouca poesia sobreviveu). Como no caso da literatura "arcaica", é importante não confundir o termo "clássica" como algo "seguro" ou "suave": os melhores autores do período clássico são verdadeiros revolucionários e influenciaram as maiores figuras do drama, da poesia e da prosa dos séculos ulteriores.

O período helenístico (323-331 a.E.C.), da morte de Alexandre, o Grande até a derrota de Marco Antônio e Cleópatra VII do Egito perante Otaviano na batalha de Ácio (ou Áccio), viu uma enorme expansão da cultura grega (e subsequentemente da cultura greco-romana). As campanhas de Alexandre levaram-no até o Golfo Pérsico, a Índia e o Afeganistão, e os seus generais herdaram uma variedade de reinos com direito de sucessão, o mais duradouro sendo o de Ptolomeu no Egito. Ptolomeu I fundou a Biblioteca e o Museu de Alexandria: a Biblioteca com a ambição de colecionar e catalogar todo texto literário grego já escrito, e o Museu como um centro de pesquisas para estudiosos em todos os campos da arte e das ciências. Os subsequentes reis ptolomaicos continuaram a patrocinar ambas as instituições e em tal meio, tão ostensivamente culto e tão abençoadamente subsidiado, emergiu um novo movimento literário que fundiu, como nunca antes, a literatura com bolsas de estudo. As marcas registradas do estilo alexandrino são o refinamento e a erudição. Seu guru, o poeta-erudito Calímaco, declarou: "Eu não canto nada que não seja atestado." Antes a literatura tinha sido também alusiva e inventiva, mas agora o estudo dos poetas se tornou mais aberto e autoconsciente e a inovação ainda mais valorizada. Enquanto alguns autores ficaram mergulhados numa obscuridade cansativa e numa postura intelectual autodestrutiva (os poemas de Nicandro sobre as várias espécies de veneno e seus antídotos, por exemplo, são suficientes, por si, para congelar o sangue nas veias), os melhores escritores desse período usaram sua erudição para reviver as formas literárias comuns (como as transformações da épica de Calímaco e Apolônio: capítulo 2) ou para criar novas, com muito engenho (a invenção da pastoral por Teócrito: capítulo 7).

Até agora nosso foco foi a literatura grega. Embora Roma tenha sido fundada (segundo um cálculo antigo) em 753 a.E.C., nenhum traço da literatura latina anterior à metade do século III a.E.C. restou. Assim os primeiros poucos séculos do período republicano (509-31 a.E.C.), da expulsão do último rei romano, Tarquínio, o Orgulhoso, e a proclamação de um sistema de governo republicano até a autodestruição desse sistema nas guerras civis do século I a.E.C., são em termos literários uma página em branco. Porém, os sobreviventes mais antigos da literatura latina – a épica de Lívio Andronico, Cneu Névio e Ênio, as tragédias de Ênio e Pacúvio, e as comédias de Plauto e Terêncio (sendo esses últimos os únicos textos antigos completos que sobreviveram) – demonstram que, do mesmo modo que ocorre com a expressão literatura grega "arcaica", deveremos ser cautelosos para não confundir "antigo" com "não sofisticado". Saliento esse cuidado porque tais obras, compostas entre 240 e 130 a.E.C., refletem não só os estupendos sucessos militares dos romanos durante esse período, como além de fazer de Roma a maior potência do mundo mediterrâneo, se confrontam com seus modelos literários gregos de forma altamente ambiciosa e criativa. Ênio, por exemplo, apresenta-se como a reencarnação de Homero; uma transferência para Roma do símbolo supremo da cultura grega (capítulo 2).

Adaptando as formas literárias gregas ao gosto das novas audiências e preocupações, e combinando-as com as tradições nativas italianas, esses escritores primevos iniciam o processo, continuado pelos subsequentes autores latinos, "de torná-las romanas". Quando a própria Grécia caiu sob o domínio romano em 146 a.E.C., a influência da literatura e da cultura gregas sobre os romanos cresceu de maneira ainda mais forte, e um político e escritor contemporâneo, Catão, o Velho, aproveitou-se da ansiedade popular em torno de tal filo-helenismo aristocrático para construir, em oposição a isso, uma *persona* sensata, de volta à básica simplicidade romana. (Os escritos de Catão apresentam-no como um conhecedor da literatura grega, mas ele percebeu que havia dividendos políticos em apelar para o desprezo romano pela arte grega de mau gosto, que era, então, também o assunto das províncias.) A maior parte dos autores latinos, entretanto, era mais aberta em relação à sua dívida para com a tradição grega. A intensidade dessa interação cultural é melhor expressa nas observações intencionalmente paradoxais de Horácio: "A Grécia, uma vez capturada, fez do conquistador feroz um cativo / e introduziu as artes ao rústico Lácio." (Horácio, *Epístolas* 2.1.156-157.) Em outras palavras, a expansão militar de Roma também levou ao enriquecimento cultural. O centro da criatividade literária (primeiro Atenas, depois Alexandria) era agora Roma. Embora nenhum dos grandes autores latinos do período republicano tivesse nascido em Roma, todos eles construíram suas carreiras ali, em busca de patrocínio, audiência e sucesso.

Nas últimas décadas da República, a ganância e o interesse próprio destruíram o bem-estar do Estado, enquanto os senhores da guerra, como César e Pompeu, Otaviano e Marco Antônio, implantaram uma violência sem precedentes contra seus concidadãos. A literatura do período lutava para dar sentido ao caos, e havia críticas mordazes à ambição política em Lucrécio, Catulo e Salústio. Muitas das maiores figuras da literatura latina viveram sob uma ditadura durante o colapso da república, e suas obras (especialmente as de Cícero, Virgílio e Horácio) ofereceram a possibilidade de pesquisas aprofundadas não apenas da guerra civil, mas também do sistema imperial ao qual as guerras civis deram origem (ver capítulos 2, 3 e 6). Otaviano (63 a.E.C.-14 E.C.) garantiu tamanho poder pessoal na batalha de Ácio que tomou para si o título de "Augusto" (conotando ao mesmo tempo autoridade religiosa e política) em 27 a.E.C., implementando um sistema imperial – e tornando-se o primeiro imperador –, cuja natureza revolucionária e tirânica ele habilmente soube disfarçar ao se proclamar restaurador da república.

A era de Augusto (44 a.E.C.-17 E.C.), do assassinato de Júlio César (e a emergência de seu herdeiro de dezenove anos, Otaviano) até a morte do poeta Ovídio, atravessa a violenta transição da república ao império, e seus destacados autores (Virgílio, Horácio, Tibulo, Propércio e Tito Lívio) articularam as relações entre o poder e a literatura com notável percepção, e são suas reflexões, por vezes perturbadoras, sobre o passado recente que dão aos seus trabalhos importância. Naturalmente, cada um desses escritores reage ao novo regime a seu modo, e suas respostas desenvolvem-se no tempo, na medida em que o próprio sistema imperial evolui, de tal sorte que não há nenhuma literatura "augustana". Assim, há uma enorme diferença entre as primeiras obras de Virgílio e Horácio dos anos 30 a.E.C., quando a sociedade romana estava ainda se desagregando e nem o fim nem uma clara vitória estavam à vista, e os trabalhos de Ovídio, escritos por volta de 16 a.E.C. em diante, quando Augusto e seu poder eram fatos consumados.

Os poetas da época de Augusto aspiram igualar-se aos clássicos: Virgílio reivindica o manto de Homero, Horácio é o novo Alceu (para não mencionar qualquer outro poeta lírico grego) e Propércio pretende ser o novo Calímaco. Entretanto, tal como sucede com o termo "clássico", o sentido de "augustana" (tal qual um período da literatura inglesa), significando "medido" ou "harmonioso", corre o risco de obscurecer a natureza revolucionária desses trabalhos. Sem dúvida, o atrevimento e a ambição desses autores são, na maior parte, entrevistos com clareza no modo como eles se comprometem com a própria transformação da sociedade romana de Augusto, inclusive, às vezes, recusando-se a celebrá-la (capítulo 3).

É tamanha a qualidade da literatura escrita na tardia república e na época de Augusto que, tradicionalmente,

24

referimo-nos a elas como Idade de Ouro da literatura latina, seguida pela Idade de Prata no começo do império romano (17-130 E.C.). Mas esses termos, com suas conotações valorativas, não estão mais na moda e, em qualquer caso, eles subavaliam o sucesso de muitos escritores do império na adaptação às novas circunstâncias: o poeta épico Lucano, o novelista Petrônio, o satírico Juvenal e o historiador Tácito são competidores em igualdade de condições com qualquer um antes deles. Não é de surpreender que uma preocupação central de toda literatura latina é a relação entre o escritor e o imperador, bem como as relações do escritor com o passado literário. Augusto exilou Ovídio para o Mar Negro em 8 E.C. e baniu sua atrevida poesia de amor de sua biblioteca no Palatino, Tibério (que reinou de 14 a 37) forçou o historiador pró-republicano Aulo Cremúcio Cordo a cometer suicídio e queimou as suas obras, enquanto Nero (de 54 a 68) obrigou Lucano, Petrônio e Sêneca (que fora seu antigo tutor e conselheiro) a se matarem. Domiciano (de 81 a 96) era especialmente paranoico e despótico, e foi atacado por Tácito, Plínio e Juvenal – mas de uma distância segura, depois que o imperador morreu e findou a sua dinastia. É fácil para nós menosprezar a bajulação de escritores como Estácio, Plínio e Juvenal com seus panegíricos aos imperadores reinantes; a conformidade nunca é tão atraente como a rebelião. Porém, a decisão deles de trabalhar com o sistema é compreensível, e torna toda polêmica anti-imperial de Lucano e a mordaz história romana de Tácito desde Augusto mais impressionante.

A literatura grega do período imperial é marcada por uma preocupação similar com o poder de Roma (ver mapa 2). O filo-helenismo de imperadores como Adriano (117-138) e Marco Aurélio (161-180) encorajou a renascença da literatura grega sob o patrocínio de Roma, já que os romanos da classe governante estavam, eles próprios, ansiosos por se associar ao prestígio da cultura grega e os gregos educados estavam mais do que felizes em intermediar isso.

Embora a maior parte da literatura grega que sobreviveu do período imperial seja marcada por um classicismo artificial e uma abordagem romantizada dos bons e velhos tempos do governo autônomo grego, os melhores escritores romperam com essa patética nostalgia e apresentaram respostas mais criativas ao poder romano e à literatura latina. Por exemplo, *Vidas Paralelas*, de Plutarco, é uma biografia de um grego eminente justaposta à de um romano cuja vida apresenta pontos semelhantes tanto na virtude quanto no vício (Alexandre, o Grande, com Júlio César, Demóstenes com Cícero, e assim por diante), que quebra estereótipos de ambos os lados, lembrando aos romanos que os gregos podem ser bons guerreiros e estadistas e não apenas estetas decadentes, e mostrando aos gregos que os romanos desenvolveram por si próprios uma vida cultural altamente civilizada e que são, assim, mais do que filisteus militaristas.

A literatura da Antiguidade tardia (da metade do século III em diante) reflete não só a fragmentação do império romano sob a crescente pressão sobre suas fronteiras, mas também o estabelecimento do cristianismo como a religião oficial do império. Uma literatura clássica de alta qualidade ainda está sendo criada – a épica grega por Quinto de Esmirna e por Nono de Panópolis, a poesia latina por Ausônio, Claudiano e Prudêncio, a história romana por Amiano Marcelino (um grego que escrevia em latim) –, mas a ascendência do cristianismo marca uma crucial transformação na tradição literária ocidental. Não obstante, embora muitos clérigos fossem hostis à cultura clássica (considerada pagã) – "Os mesmos lábios não podem proferir louvores a ambos, Júpiter e Cristo", declarava Gregório, o Grande, por exemplo –, esta não foi simplesmente substituída pela cristandade, mas foi por ela absorvida e adaptada para seus fins. Assim, os trabalhos dos principais pensadores cristãos como Ambrósio, Jerônimo e Agostinho são profundos devedores do conhecimento que possuíam da literatura clássica. Ao passo que vários eventos competiam pelo título de "fim do período clássico" – sendo o mais icônico o saque de Roma pelos visigodos em 410, pois foi a primeira vez que a cidade foi tomada por invasores estrangeiros desde o ataque da Gália em 390 a.E.C. –, devemos ter o cuidado de evitar que o familiar modelo de "declínio e queda" obscureça as continuidades, especialmente no estudo dos textos clássicos, na medida em que o mundo clássico da Antiguidade tardia se transformou nas sociedades da cristandade latina na metade ocidental do império e no leste de Bizâncio.

Nesses quase 1200 anos de uma história literária de conquistas, agora é o momento de considerar com maior pormenor o mais marcante dos aspectos da literatura clássica, isto é, seu senso altamente desenvolvido de gênero. Obviamente, o gênero de uma obra literária, hoje em dia, permanece também como fator importante: nós também distinguimos amplas categorias de poesia, prosa e drama e seus subgêneros (especialmente no caso do romance que é atualmente uma das formas mais populares), tais como o policial, o romântico ou a ficção histórica. E ocorre o mesmo em outras mídias criativas, tal como o filme, com o filme de suspense, de horror, de faroeste, e assim por diante. Mas os autores clássicos tinham boas razões para serem mais atentos do que os escritores de ficção atuais em relação às formas e convenções aplicadas ao gênero em que escreviam. Todos os textos literários antigos estão escritos em um gênero específico, mesmo quando interagem com outros – como na "história trágica", por exemplo, ou seja, a história escrita no estilo da tragédia. Alguns teóricos modernos argumentariam que qualquer texto pertence a um gênero, e que é impossível não escrever em um; assim, mesmo aqueles escritores que tentam se livrar das convenções e escrever as coisas mais malucas ainda são englobados na literatura "experimental". A invenção da maioria dos gêneros literários e de suas normas constitui o efeito mais significativo da influência da literatura clássica. Assim, esta introdução, de acordo com isso, também está estruturada principalmente por gênero, refletindo a sua importância.

Mas o que é um gênero? A primeira coisa a se observar é que um gênero *não* é uma forma platônica atemporal e imutável, porém um grupo de textos que partilham certas similaridades – seja de forma, de contexto performático, ou assunto temático – e apresentam um desenvolvimento contínuo ao longo do tempo. Por exemplo, todos os textos que compõem o antigo gênero da tragédia compartilham certas "semelhanças familiares" (são textos teatrais escritos numa linguagem poética especial que refletem o sofrimento humano, apresentam deuses interagindo com humanos, e assim por diante) que nos permitem percebê-los como um grupo reconhecível. Embora certas características "principais" descrevam um dado gênero, os limites de cada um deles são fluidos e muitas vezes se abrem brechas para efeitos literários.

Como ainda pode ser visto na literatura moderna e no cinema, um gênero surge com códigos embutidos, valores e expectativas. Ele cria seu próprio mundo, permitindo que o autor se comunique com a audiência, na medida em que implementa ou rompe expectativas genéricas e cria assim uma variedade de efeitos. Gêneros atraem escritores por fornecer certa estrutura e uma base sobre a qual criar, enquanto oferecem às plateias o prazer de um familiar e engenhoso desvio do esperado. Os melhores escritores pegam o que necessitam das formas tradicionais e então inovam, deixando sua própria marca e mudando o gênero para os futuros escritores e leitores. Em outras palavras, o gênero é uma fonte de dinamismo e criatividade, e não uma camisa de força, a não ser que o escritor não seja imaginativo ou original.

Todos os antigos escritores tinham uma ideia de quem eram as principais figuras nos seus respectivos gêneros, e seus objetivos eram rivalizar com seus predecessores e superá-los. Os antiquados termos-chave para tal processo de interação com o passado literário eram *imitatio* (imitação) e *aemulatio* (emulação). Imitação não significa simples cópia, mas uma adaptação criativa da tradição; atualmente, a escrita criativa ainda envolve reformulação de literatura anterior, uma vez que escritores são, em geral, também leitores entusiásticos. Na verdade, competir com grandes escritores do passado é um negócio arriscado – como Horácio escreveu, "qualquer um que aspira se igualar a Píndaro se expõe a um voo tão arriscado quanto o de Ícaro" (*Odes* 4.2.1-4, parafraseado) –, no entanto, o que caracteriza os melhores escritores da Antiguidade é a resposta deles às grandes obras do passado à luz do presente.

A literatura clássica é caracterizada por uma hierarquia de gêneros, indo das mais "altas" formas, como a épica, a tragédia e a história por um lado, até as "baixas" formas, como a comédia, a sátira, o mimo e o epigrama, de outro. "Alto" e "baixo" dizem respeito a quão importante é o assunto, quão relevante a linguagem, quão dignificante o tom etc. Muitos dos gêneros mais abaixo na hierarquia definem-se a si próprios polemicamente em oposição às altas formas. Assim, escritores de comédias, por exemplo, zombavam da tragédia, apresentando-a como não realista e empolada, a fim de defender o valor de sua própria obra, enquanto a sátira ridicularizava as pretensões da épica e da filosofia (entre outros gêneros) de oferecer guias para uma vida significativa. Finalmente, é notável verificar que alguns gêneros perduraram mais que outros: elegias de amor romanas floresceram apenas por meio século (ver capítulo 3), enquanto a épica estava sempre presente, e sempre mudando (capítulo 2). Concluindo, pois, podemos compreender um texto literário antigo de modo apropriado se levarmos em conta como ele surgiu na evolução dos gêneros e como se comprometeu com as convenções herdadas e as transformou.

Vamos terminar este capítulo introdutório examinando o fazer com um texto clássico que nos é apresentado. A vasta maioria (ao menos 90%) da literatura clássica está perdida: assim, por exemplo, das (pelo menos) novecentas tragédias produzidas durante o século v a.E.C. no maior festival dramático anual de Atenas apenas 31 sobreviveram intactas, isto é, menos de 3% do mais prestigioso e popular gênero da Atenas clássica. Algumas perdas são mais sérias do que outras: poucos vão perder o sono pelo fato de não terem chegado até nós as eulogias de Dião Crisóstomo a um papagaio e a uma mosquinha. E os caprichos do que subsistiu são cruéis: temos apenas sete tragédias de Sófocles (de uma obra de 120 peças), porém não menos que 1600 cartas de Libânio, um retórico grego do século iv E.C., o que prova (se isso ainda fosse necessário) que o universo é aleatório e a vida injusta.

Textos antigos, completos e fragmentários, chegaram a nós quer em uma sucessão de ininterruptas cópias (uma tradição manuscrita), quer em antigos papiros descobertos em tempos recentes. Tal como todos os textos até a invenção da prensa tipográfica, no século xv, os textos clássicos eram copiados a mão por escribas habilidosos (geralmente escravos) que faziam o seu melhor para produzir cópias exatas de seu "original". Contudo, naturalmente ocorriam erros no texto, na medida em que eram copiados e recopiados, especialmente porque os antigos textos, sem separação de palavras e quase sem pontuação, eram muito mais difíceis de ler do que os modernos, especialmente os impressos. Uma das tarefas dos estudiosos dos clássicos era identificar esses erros e desfazê-los.

A sobrevivência da literatura clássica é, pois, a história de um mui longo e gradual processo de seleção e restrição, à medida que cada vez menos textos eram lidos e recopiados. Um número de fatores contribuiu para esse processo. Desses, alguns deliberados, outros acidentais. Entre os primeiros, os mais importantes são: seleção para uso nos currículos escolares (se um texto era considerado, por exemplo, muito difícil linguisticamente ou muito censurável, enfrentava problemas); a confiança nas antologias, ou coleções de "destaques" (como os modernos dicionários de citações), que levou à perda de obras completas;

a influência de "cânones" acadêmicos, isto é, das listas dos "melhores" autores em cada gênero, tais como Nove Poetas Líricos ou Três Grandes Tragediógrafos, que também influenciou na escolha de textos usados na escolas; e, finalmente, o mais intangível de todos, a influência do gosto público e a percepção de qualidade, pois, como diz Horácio, "a existência de poetas medíocres/ nem homens, nem deuses, nem vendedores de livros aceitarão" (*Arte Poética* 372-373). Outros fatores nada têm a ver com a natureza da literatura em questão: o picote produzido pelas brocas de livros, o mofo e a destruição das bibliotecas pelo fogo, como quando a grande Biblioteca de Alexandria, com seu meio milhão de rolos de papiro, foi destruída por um incêndio durante o ataque de Júlio César à cidade em 48 a.E.C.

Além disso, ocorreram gargalos tais como a mudança na forma física do texto, do rolo de papiro para um códice mais prático, uma forma semelhante ao nosso moderno livro. Essa transição, que aconteceu no final do século I E.C. e que foi amplamente completada pelo fim do século IV, significou que apenas aquelas obras recopiadas no novo formato teriam uma razoável chance de sobreviver. O formato de códice era particularmente apoiado pelos cristãos, o que nos leva ao nosso último obstáculo, ou seja, à censura e à negligência cristãs. Devemos tomar cuidado, no entanto, de não sermos tão duros com os cristãos, uma vez que reconheceram a qualidade dos textos pagãos e encontraram engenhosas maneiras de torná-los aceitáveis: por exemplo, ao alegorizá-los em termos cristãos, como quando se leu a quarta das *Éclogas* de Virgílio como um presságio do nascimento de Cristo (ver capítulo 7). E foi graças às bibliotecas dos monastérios e catedrais durante o medievo cristão, bem como aos filósofos e eruditos islâmicos desse período, que devemos a preservação dos próprios textos, até a sua redescoberta, e reentrada em voga, na Renascença.

Afortunadamente, alguns dos acidentes históricos são felizes, e novos textos clássicos, amiúde preservados em fragmentos de papiros em montes de lixo no Egito, estão ainda sendo descobertos e publicados: assim, nos últimos poucos anos nos deparamos com publicações de obras desconhecidas de dois dos maiores poetas líricos, Safo e Arquíloco (primeiras edições em 2004 e 2005, respectivamente: ver figura 1). Além disso, novas tecnologias, tal como a imagem multiespectral, tornaram possível ler textos que antes eram ilegíveis, como aqueles escritos em rolos de papiros carbonizados pela erupção do Vesúvio em 79 E.C. Novas descobertas e novas abordagens desse tipo continuam a transformar nossa visão da literatura clássica.

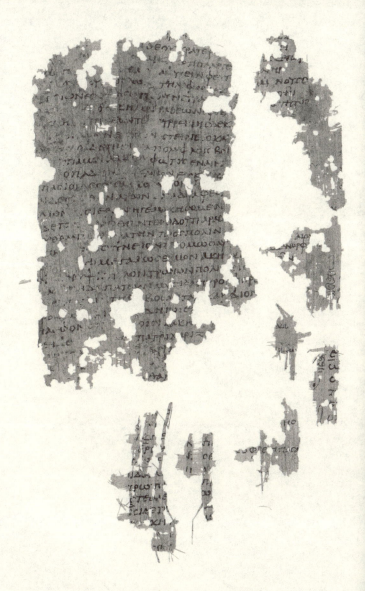

FIG. 1: *Um papiro de Oxirrinco no Egito, descoberto em 1897 e publicado pela primeira vez em 2005. O texto é aproximadamente do século VII a.E.C., do poeta Arquíloco, e narra a primeira campanha dos gregos contra Troia, que falhou miseravelmente quando por equívoco atacaram outra cidade e foram derrotados pelo seu rei, Télefo.*

2

ÉPICA

A épica não era apenas a mais prestigiosa, mas também a mais maleável e duradoura das antigas formas literárias. O mundo clássico estava cheio de guerras, seja entre cidades-Estado gregas rivais, ou entre Roma e aqueles que ousavam resistir à expansão de seu domínio: os portões do templo de Jano em Roma ficavam cerrados apenas em tempos de completa paz, e quando o herdeiro de César (o futuro Augusto) os fechou em 29 a.E.C., era a primeira vez em duzentos anos e somente a terceira vez nos sete séculos da história de Roma que isso ocorria. Nas sociedades em que a luta armada era endêmica, o gênero que celebrava e explorava conceitos como heroísmo militar, lealdade e masculinidade nunca perderia sua relevância ou popularidade.

Na habilidade de sua narrativa e caracterização, no uso da linguagem e na riqueza de seu mundo imaginativo, a *Ilíada* e a *Odisseia* de Homero são as obras supremas da literatura clássica. Elas cintilam como milagres da sombria "idade das trevas" da Grécia (o período entre 1200 até 776 a.E.C., em seguimento ao colapso da cultura micênica) e sua importância na formação da cultura greco-romana posterior é indiscutível. Numa versão da Antiguidade de obras *Para Levar a uma Ilha Deserta* seriam os épicos de Homero o equivalente clássico da *Bíblia* e de Shakespeare, que já estariam pré-embalados para a viagem. A literatura ocidental parece começar com um duplo paradoxo: as obras de Homero são as primeiras e também as melhores, e o próprio Homero é provavelmente o maior poeta que jamais viveu, embora nada saibamos sobre ele. Mas nenhuma dessas questões é, na verdade, um problema: a *Ilíada* e a *Odisseia* podem ser as mais antigas obras da literatura grega que subsistiram, contudo, na realidade, são o ponto culminante de uma tradição ancestral secular de poesia épica oral, sendo irrelevante a nossa ignorância acerca da identidade de Homero para a apreciação de sua poesia.

Como em quase toda épica clássica, os relatos que Homero faz da guerra de Troia e da volta de Odisseu a Ítaca situam-se no mundo mítico de deuses e heróis. Há provavelmente um núcleo histórico na tradição épica grega e suas narrativas da queda de Troia – isto é, uma reminiscência de um ataque grego ao noroeste da Ásia Menor (a atual Turquia) nos primórdios do século xii a.E.C. –, porém, quando a história vem a ser poesia heroica ela se torna, inevitavelmente, uma forma de ficção. No tempo de Homero, no fim do século viii a.E.C., muitas gerações de aedos haviam transformado a história da guerra de Troia para atender às necessidades de sucessivas eras e audiências. O que era originalmente um conflito deflagrado por complexas razões militares e políticas transformou-se numa guerra por uma mulher (Helena de Troia), e os exageros poéticos deixaram as suas marcas: dez anos de lutas, uma armada com 1186 navios gregos, e assim por diante. Mais marcantes são os nostálgicos poemas homéricos de uma era heroica já passada, que se tornaram um *leitmotiv* da tradição épica, como se pode ver, por exemplo, na superioridade física dos guerreiros homéricos em relação aos homens de hoje: "Um homem não poderia levantar facilmente aquela pedra com ambas as mãos, mesmo que fosse muito forte, tal como os mortais são hoje" (*Ilíada* 12.381-383).

Para apreciar a contribuição de Homero, devemos primeiro considerar a tradição épica oral que ele herdou. Homero compôs para um espetáculo ao vivo e, mesmo que fosse letrado (disso não temos certeza), aprendeu sua arte de outros aedos performáticos. Aperfeiçoou seus poemas durante muitos anos, apresentando, em geral, pequenos episódios em vez da obra completa (seria preciso quase 26 horas para executar a *Ilíada* inteira). Como qualquer outro artista itinerante, ansioso para ganhar um futuro patrocínio, Homero toma o cuidado de anunciar a sua própria habilidade: o aedo Fêmio na *Odisseia* declara que tal habilidade provém de intensa prática bem como de inspiração divina: "Aprendi por mim mesmo, e o deus colocou em minha mente todos os caminhos da canção." (22.347-348) E não é coincidência que os heróis centrais de ambas as épicas, Aquiles e Odisseu, sejam comparados a poetas épicos, quando de Odisseu se diz que, retesando a corda de seu arco, é como um aedo tangendo sua lira (*Odisseia* 21.406-411).

A despeito de seu enorme tamanho (quase dezesseis mil linhas de poesia), a *Ilíada* cobre somente um curto período da guerra de Troia, concentrado em apenas quatro dias de luta de seu décimo e último ano. Como Aristóteles observou (*Poética*, capítulo 23), Homero evitou o erro cometido por alguns antigos poetas épicos que tentavam cobrir cada episódio do mito escolhido do começo ao fim, levando a uma sequência monótona de eventos ("*a* aconteceu, e então *b*, e então...). Ao contrário, ele escolhe uma só ação unificada dentro da história da queda de Troia (a ira de Aquiles) e a expande, usando retrospectivas e antecipações, de modo que sua narrativa abarca a guerra inteira, desde o rapto inicial de Helena pelo príncipe troiano Páris até a escravização da população sobrevivente da cidade. Esse hábil uso do tempo (passado, presente e futuro) é um dos melhores exemplos da estrutura sofisticada e cuidadosa da *Ilíada*.

Referimo-nos às principais personagens da épica de Homero como heróis, mas é importante esclarecer o que significa "herói" nesse contexto. Para nós, o termo "herói" lembra alguém que realiza algo inequivocamente positivo: um bombeiro que se precipita num edifício em chamas para salvar pessoas, por exemplo. Na antiga cultura grega, entretanto, os "heróis", os filhos da união entre deuses e humanos, são não apenas figuras positivas, mas também são caracterizadas por seus excessos, tanto para o bem como para o mal. Os heróis são capazes de atos de bravura sobre-humanos e admiráveis. Porém, seu poder heroico tem dois gumes, pois pode levá-los às menos desejáveis qualidades: ódio excessivo, violência, crueldade, orgulho, imprudência e egotismo. Assim, há uma tensão dentro do heroísmo, pois a própria energia que salienta os heróis é também a fonte de sua instabilidade e perigo (tanto para eles como para os outros). A *Ilíada* e a *Odisseia* são épicas sofisticadas que, além de celebrar o mundo heroico, também exploram a natureza complexa do próprio heroísmo.

A ação central da *Ilíada* está focada na ira de Aquiles contra seus camaradas gregos por incapacidade de respeitá-lo e na sua subsequente deserção da batalha. Quando se recusou a lutar, apesar da desesperadora necessidade dos gregos, seu amigo Pátroclo assumiu o seu lugar, mas foi morto pelo líder troiano Heitor. Aquiles é consumido pela dor e, finalmente, retorna ao campo de batalha, levado por um desejo de vingança. Entretanto, ele põe à mostra uma violência desumana, pois mais do que matar Heitor, mutila seu cadáver arrastando-o atrás de seu carro. Trata-se de um ato chocante, ato que viola um tabu fundamental que protege o corpo de um homem morto e ameaça o seu direito a um funeral. Foi preciso a intervenção dos deuses para acabar com a conduta vergonhosa de Aquiles, pois a preocupação deles conduziu a uma reunião entre Aquiles e o pai de Heitor, Príamo, para liberar o cadáver. E foi nesse encontro com o inimigo que Aquiles, finalmente, retomou as atitudes de piedade e respeito, as quais, insiste a *Ilíada*, são qualidades essenciais de um homem honrado. Príamo apela a Aquiles em nome de seu pai Peleu, e quando Aquiles vê a dor e o sofrimento de seu pai espelhados no rei de Troia, os dois homens choram juntos:

> A dupla rememora, um lamenta Heitor
> massacrador, prostrando-se aos pés de Aquiles,
> que ora pranteia o pai, ora pranteia Pátroclo.
> E seus gemidos ecoavam pela casa.
> (*Ilíada* 24.509-512; trad. Trajano Vieira.)

Quando Príamo lhe mostra o respeito devido a ele e a Heitor, Aquiles emerge de sua desastrosa auto-obsessão e de seu luto e reconhece a humanidade dos outros.

A preocupação dos deuses pelos mortais e suas constantes intervenções nos assuntos humanos constituem um dos aspectos mais notáveis das épicas homéricas. Isso porque os deuses de Homero não são meras personagens de literatura: são a expressão de uma teologia coerente. Sem uma igreja estabelecida ou livros sagrados para prescrever crenças religiosas na antiga Grécia, os poetas desempenharam um papel fundamental em modelar ideias religiosas, e ninguém o fez mais que Homero, o edificador de toda a educação, inclusive daquilo que os gregos pensavam sobre seus deuses. Para entender a religião grega, contudo, é essencial que joguemos fora concepções inapropriadas (especialmente as cristãs) do divino como intrinsicamente gentil e carinhoso. Pois, embora os deuses gregos (e romanos) cuidem dos humanos, eles são tudo menos altruístas, e a honra deles lhes é tão importante quanto o é para os heróis. Se a honra de um deus é arranhada, como quando o príncipe troiano Páris insultou Hera e Atena ao escolher Afrodite como a mais bela deusa (*Ilíada* 24.25-30), ele não será menos implacável do que o mais raivoso dos heróis na sua busca por vingança, e seu maior poder apenas significa que sua retribuição é mais assustadora. Assim, Hera faz um acordo sombrio com Zeus, seu marido e o deus-chefe, que lhe oferece três cidades gregas favoritas para serem destruídas (Argos, Esparta e Micenas) enquanto Troia é obliterada (4.50-54), e ela declara seu ódio aos troianos em termos de uma questão de fato: "como eu, que afirmo ser a deusa-mor por dois / motivos, de nascença e enquanto tua esposa, / [...] não devia, furiosa, causar mal aos troianos?" (18.363-367; trad. Trajano Vieira.)

O abismo entre o mortal e o imortal é total: os deuses gozam de eterna vitalidade, os humanos enfrentam o esquecimento no Hades. Essa diferença essencial, a certeza da morte para os humanos, é poderosamente expressa numa comparação de Glauco, um aliado dos troianos:

Símile à das folhas,
a geração dos homens: o vento faz cair
as folhas sobre a terra. Verdecendo, a selva
enfolha outra mais, vinda a primavera. Assim
a linhagem dos homens: nascem e perecem.
(*Ilíada* 6.146-149; trad. H. de Campos.)

Ainda assim, paradoxalmente, é a própria mortalidade dos heróis que lhes dá uma intensidade trágica e solene que falta aos deuses. Como os deuses estão "certos de viver para sempre, atemporal e imortalmente", eles não correm o risco de graves perdas. Em outros termos, o poder e a imortalidade dos deuses significa que não lhes é permitido mostrar a coragem e a resistência ao modo como devem fazê-lo os humanos, e, por isso, em relação a estes ficam inferiorizados. Como um antigo crítico escreveu, "Homero fez o seu melhor para tornar os homens da *Ilíada* deuses e os deuses humanos" (Longino, *Do Sublime* 9.7).

Enquanto a *Ilíada* descreve as pressões do campo de batalha, a *Odisseia* explora uma forma diferente de heroísmo por meio da figura de Odisseu, "o homem de muitos ardis", que tinha de usar a inteligência e a astúcia para superar os diversos obstáculos que o impediam de voltar a sua casa e a sua família. A *Odisseia* é, pois, uma variação da história do herói errante que retorna a sua casa, relato esse conhecido em muitas culturas ao redor do mundo. Nessa história-padrão, o herói está normalmente fora de casa, com dificuldade de retornar, e sua família sofre com sua ausência, enquanto o herói luta contra todas as adversidades e recupera sua esposa e a os familiares. Assim, a *Odisseia* começa dez anos depois do fim da guerra de Troia, mas Odisseu ainda não havia retornado e sua família estava desarranjada: uma gangue de cem pretendentes arrogantes e descomedidos estava competindo entre si para reivindicar sua esposa, Penélope, e seu jovem filho, Telêmaco, era incapaz de detê-los.

A primeira metade do poema apresenta as aventuras de Odisseu a partir da queda de Troia, e vemos o seu retorno a Ítaca repetidamente ameaçado: na terra dos Comedores-de-Lotus (Lotófagos), por exemplo, cujo fruto delicioso do lótus ao ser ingerido faz perder toda memória do lar, ou na caverna dos monstruosos ciclopes, quando Polifemo matou e comeu vários tripulantes que acompanhavam Odisseu, ou ainda na ilha da feiticeira Circe, que transformou os homens de Ulisses em porcos e, por um ano, manteve o herói como seu amante. A segunda metade apresenta a luta de Odisseu em Ítaca, disfarçado de mendigo, para recuperar seu lar e sua heroica identidade, como ele e seu filho Telêmaco trucidam os pretendentes e finalmente como Odisseu e Penélope se reúnem após uma separação de vinte anos.

Assim, enquanto a *Ilíada* descreve a trágica destruição de toda uma sociedade (o reino de Troia), a *Odisseia* é uma história mais romântica e otimista de um herói cuja volta estabiliza a sua comunidade. No entanto, a despeito de seu cenário mais doméstico, a *Odisseia* ainda está preocupada com os mesmos conceitos de honra e vingança que dominavam a *Ilíada*, pois o vergonhoso comportamento dos pretendentes não poderia ficar impune. Apesar das repetidas advertências, os pretendentes persistiam em seus ultrajantes abusos da hospitalidade da família de Odisseu e até tramavam assassinar Telêmaco. O massacre completo que sofreram abalou alguns críticos modernos que o consideraram excessivo, porém o fato está completamente em linha com os valores éticos da antiga sociedade grega, em que o castigo é severo mas previsível (os pretendentes sabiam bem as liberdades que tomavam) e, portanto, justificável.

Na verdade, o objetivo final da missão de Odisseu e o clímax da narrativa é sua reunião com Penélope. Lendo o poema, fica claro que Penélope não era apenas deslumbrantemente bela (os pretendentes ficavam enlouquecidos sempre que aparecia à frente deles no salão de banquetes), mas era também altamente inteligente. Sem dúvida, ela provou ser mais do que páreo ao sagaz Odisseu, a quem, no final de contas, sobrepujou. Pois quando ele estava diante dela salpicado com o sangue de seus pretendentes, ela se recusou a acreditar que aquele homem era o seu marido. Sabendo, contudo, que seu leito nupcial era inamovível, visto que Odisseu o construiu de um tronco de uma oliveira quando a casa começou a ser edificada, Penélope ordenou que a cama fosse mudada de lugar, fato que incitou o raivoso Odisseu a contar a história da feitura do leito (um segredo partilhado entre ele e Penélope), confirmando assim a sua identidade para a esposa. O ardil de Penélope a mostra como equivalente ao seu marido em astúcia e no uso hábil da linguagem, e assim prova o quanto merecem se reunir como marido e esposa.

Vários séculos separam Homero do autor da próxima epopeia que chegou até nós, Apolônio de Rodes, cuja *Argonáuticas* foi composta entre 270-245 a.E.C. Em quatro livros, Apolônio narra a heroica busca dos argonautas pelo Velocino de Ouro, a relíquia de um mágico carneiro, guardada por uma monstruosa serpente sempre vigilante. Jasão e seus homens navegam de Iolco, na Grécia, até a corte do rei Eetes, da Cólquida, no extremo leste do mar Negro (a atual Geórgia), onde Jasão e Medeia, a filha do rei, se apaixonam e ela consegue o velo e foge com Jasão de volta para a Grécia. Tratava-se de um antigo mito: Homero usou as aventuras de Jasão como um modelo para as de Odisseu, e Apolônio, por sua vez, retrabalhou Homero para criar uma epopeia com toda a erudição e refinamento típicos do estilo helenístico "alexandrino" (ver capítulo 1).

Em reação ao que viam como épicas vulgares, insufladas e repetitivas de sucessores inferiores a Homero, os poetas alexandrinos desenvolveram o gênero em novos caminhos, com ênfase em um menor escopo, mais sútil e alusivo. Uma reação aos estilos praticados é, em geral, o motor da mudança literária (compare, por exemplo, a rejeição romântica às "regras" neoclássicas), e a épica de Apolônio constitui uma renovação revolucionária e altamente sofisticada do gênero. A erudição do poeta é orgulhosamente exibida, na medida em que incorpora novas descobertas das ciências, da geografia e da pesquisa histórica na sua narração heroica: Afrodite possuía um globo cósmico que era conhecimento de ponta da astronomia no tempo de Apolônio (3.131-141); o retorno dos argonautas à Grécia fora feito pelos rios Danúbio, Pó e Reno, ao passo que eles tiveram que arrastar seus navios pelo deserto da Líbia; e o poema está repleto de histórias que explicam as origens dos rituais contemporâneos, os nomes dos lugares e dos monumentos. É fácil ver por que Ptolomeu do Egito convidou Apolônio para o posto prestigioso de chefe da biblioteca e tutor real.

Considerando que o Odisseu de Homero era famoso como o homem de "muitos recursos", o narrador das *Argonáuticas* descreve Jasão como uma pessoa "sem recursos" ou "perdida", e ele parece sempre sobrecarregado com a sua missão. Como resultado, o Jasão de Apolônio foi encarado como sub-heroico e insípido, mas isso significa passar ao largo do problema; Apolônio sabia que sua audiência tinha familiaridade com o mito mais difundido de Jasão e Medeia, em que Jasão em algum momento trairia sua esposa com outra mulher, incitando Medeia a matar os próprios filhos com ele por vingança e, por isso, a confiança de Jasão no apoio de Medeia introduz na narrativa de Apolônio desse caso amoroso uma ironia trágica. Há uma concordância geral de que o ponto culminante do poema se situa no Livro 3, onde a jovem e impressionável Medeia está apaixonadíssima pelo formoso estrangeiro. Apolônio expõe essa paixão de dentro para fora, descrevendo a psicologia e a fisiologia do desejo em termos que refletem a mais recente teoria médica helenística: a angústia de Medeia a dilacerava por dentro, "Por dentro uma dor constante a exauria, consumindo-a pelo corpo, ao redor dos frágeis nervos e sob a cabeça até a extremidade da nuca" (3. 762-764; trad. Fernando Rodrigues Jr.). O retrato de Apolônio da heroína vulnerável e doente de amor provou ser uma importantíssima contribuição à épica como gênero, em especial na influência sobre a personagem Dido (Elissa de Tiro, primeira rainha de Cartago) de Virgílio.

Nada sabemos sobre a épica latina antes da versão de Lívio Andronico da *Odisseia* por volta da metade do século III a.E.C. Embora possamos estar seguros da existência por gerações de canções italianas locais de grandes ancestrais e heróis mais antigos, nada disso sobreviveu e o gênero da épica latina já estava completamente helenizado no tempo de Lívio. Pela mesma razão, entretanto, o trabalho de Lívio, uma tradução literária de Homero, é também uma criação romana na sua totalidade, ao adaptar o mito grego para expressar valores romanos: assim, por exemplo, o padrão homérico na descrição dos heróis como "igual aos deuses ", não se adequava aos sentimentos religiosos dos romanos, de modo que Lívio os qualificou como "os maiores e da mais alta estirpe". Logo depois Névio escreveu a primeira epopeia latina com um tema romano nativo: a Guerra Púnica, que reflete não apenas sua própria experiência como soldado no conflito com Cartago, mas inaugura a maior preferência dos romanos (em comparação aos gregos) pelo histórico, ou ao menos pela épica quase-histórica mais do que pelos contos ambientados no passado legendário.

A épica era o gênero perfeito para comemorar o notável sucesso militar de Roma e sua expansão nesse período. Assim, o mais importante poema épico latino, anterior a Virgílio, são os *Anais* de Ênio, cobrindo toda a história de Roma desde a chegada de Eneias à Itália, depois da queda de Troia, até pouco antes da própria morte de Ênio, em 169 a.E.C., tempo em que Roma era o poder dominante no mundo mediterrâneo. Corajosamente, Ênio começa contando um sonho no qual o fantasma de Homero lhe aparece e revela que teria se encarnado nele, Ênio (convenientemente). Mas esse aspirante a Homero romano leu também os poetas gregos alexandrinos e alinhou-se a sua sofisticada erudição, nomeando-se como *dicti studiosus*, o equivalente latino de "erudito literário". O relato de Ênio sobre a emergência do poder de Roma incorpora em sua épica valores romanos, e a elite militar romana foi educada com sucintos lemas, como "Nos costumes e nos homens de antigamente permanece firme o estado romano", em que as primeiras letras das primeiras quatro palavras do latim (*moribus antiquis res stat Romana virisque*) formam MARS (Marte, em português), o deus da guerra. O poema de Ênio torna-se logo um clássico e foi um texto escolar para gerações de romanos até ser suplantado pela *Eneida* de Virgílio.

A poesia épica de Virgílio conta como o herói troiano Eneias encontra seu caminho para a Itália e luta para estabelecer aí um novo lar, que será a origem de Roma. Essa é a narrativa de uma fundação, como a história dos *Pilgrim Fathers* (Pais Peregrinos calvinistas), colonos ingleses que aportaram nos Estados Unidos e fundaram Plymouth. A lenda de Eneias pode ser remontada ao século VI a.E.C., mas, à medida que o poder de Roma se expande, ela se torna um elemento básico da história e da identidade de Roma, e Virgílio, como Névio e Ênio antes dele, reescreve o mito para expressar as ansiedades e as esperanças daqueles tempos (ver figura 2). Enquanto compunha seu trabalho nos anos 20 a.E.C., ele fazia leituras do poema em andamento, e sua qualidade foi imediatamente reconhecida e celebrada: seu amigo e poeta Propércio, por exemplo, declarou que "um trabalho maior que a *Ilíada* está prestes a nascer" (2.34.66). E, na verdade, a epopeia de Virgílio logo adquiriu *status* e autoridade na literatura e cultura romanas e rivalizava com a de Homero para os gregos, de modo que todo escritor mais antigo e posterior a Virgílio (fosse autor de poesia ou prosa, pagão ou cristão) entrava, em algum ponto, em criativo diálogo com a *Eneida*.

Na primeira metade da épica (Livros 1-6) assistimos à fuga dos troianos a caminho da Itália, impelidos por uma tempestade para Cartago no norte da África, onde Eneias relata à rainha Dido a queda de Troia e as andanças de seu povo nos anos subsequentes em busca de um novo lar. Dido e Eneias se apaixonam, o herói esquece de sua missão, e Júpiter precisa enviar Mercúrio para lembrá-lo. No entanto, quando Eneias parte, Dido se mata, amaldiçoando Eneias e seus descendentes. Eneias, então, tem acesso ao submundo, onde o fantasma de seu pai, Anquises, lhe revela uma visão do futuro grandioso de Roma. A segunda metade (Livros 7-12) descreve as lutas do herói na própria Itália. Eneias é bem acolhido por Latino, rei dos latinos (uma das tribos da Itália), que aceita sua embaixada de paz e oferece a ele, em casamento, sua filha Lavínia. Mas outros, inclusive Amata, mãe de Lavínia, ressentem-se dos imigrantes troianos e provocam logo a eclosão de uma guerra. Eneias visita Evandro, cuja cidade está localizada nas proximidades da futura Roma, e Evandro confia a ele seu filho Palante, como um guerreiro novato na guerra por vir. Entretanto, Turno, líder das tribos italianas hostis, mata Palante, mergulhando Eneias em um frenesi de violência. Finalmente, Eneias e Turno se encontram para um combate. Eneias sai vitorioso e está a ponto de poupar Turno, que roga por sua vida, quando avista o cinturão da espada de Palante, que foi arrancado por Turno do corpo do jovem. Num acesso final de amor, vergonha e raiva, Eneias mata Turno.

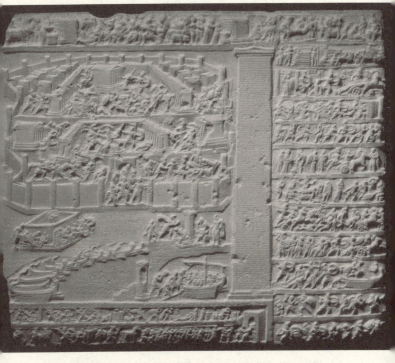

FIG. 2: *Uma miniatura de um tablete de mármore das proximidades de Bovilas (aproximadamente a dezenove quilometros a sudeste de Roma) do fim do século I a.E.C. mostra a queda de Troia e a partida de Eneias "para o leste" em busca de um novo lar. Um impressionante trabalho de artesanato, nesse pedaço de tablete (de quase 28 cm²) estão registradas cerca de 250 figuras e desenhadas cenas da* Ilíada *e de outras epopeias gregas sobre a destruição de Troia.*

Considerando que epopeias romanas anteriores catalogaram os grandes eventos da história romana em série até a época de Virgílio, este seguiu o exemplo de Homero e criou uma narrativa mais complexa e interessante, principiando-a no legendário passado, mas mirando o futuro da história de Roma. Embora a própria Roma tivesse sido fundada logo depois de Eneias por Rômulo e Remo, a *Eneida* está plena de prenúncios de edifícios romanos, ritos e costumes, especialmente quando Eneias visita o futuro sítio da localização de Roma (Livro 8), onde ouve falar do Foro Romano, da Rocha Tarpeia, do Monte Capitolino, e assim por diante.

E assim como Homero apresentou a glória da guerra, mas também suas vítimas, Virgílio, igualmente, conseguiu, ao criar um poema épico, celebrar Roma e o poder romano enquanto confrontava também os traumáticos aspectos de sua história, especialmente as recentes guerras civis. Júpiter prometeu aos futuros romanos, criados de uma fusão dos povos italianos e troianos, um "império sem fim" (1.279), e Anquises explica como esse império deveria ser conduzido:

> Mas tu, romano, aprimora-te na governança dos povos.
> Essas serão tuas artes; e mais: leis impor e costumes,
> poupar submissos e a espinha dobrar dos rebeldes e tercos.
> (*Eneida* 6.851-853; trad. Carlos Alberto Nunes.)

Entretanto, uma tal visão de regime organizado não está de acordo com o amplo retrato das origens de Roma descrito pelo poema, em que os futuros romanos (italianos e troianos) lutam entre si e personagens generosamente solidárias, como Dido, colocadas no caminho de Roma, são destruídas.

As reflexões da *Eneida* sobre as glórias e os desastres da história de Roma estão encapsuladas na sua apresentação do próprio Augusto. Ele, como membro do clã Júlio, reivindicava sua descendência do filho de Eneias, Iulo, e muitas passagens do poema o saúdam como um restaurador da paz de Roma, e como aquele que inaugurou a segunda Era de Ouro da história romana – é o que afirma Anquises, numa visão do futuro dos heróis romanos revelado a Eneias no submundo. A vitória de Augusto nas guerras civis trouxera paz (nos termos dele, é claro) à martirizada Roma e não há razão para suspeitar das expressões de gratidão da *Eneida* a ele por esse feito. Até porque a exploração que o

48

poema faz da perda e do sofrimento é ainda mais impressionante, o que levou muitos a discutirem a sua política, como se a questão dominante fosse verificar se o poema era pró- ou anti-Augusto. Entretanto, tal abordagem é muito tacanha, uma vez que os temas do poema são muito mais o caos e o trauma de gerações em guerra civil do que o próprio Augusto.

Isso pode ser mais bem visto no final, numa chocante cena do poema, quando Eneias é dominado pela ira e mata o indefeso Turno. Apesar do conselho de seu pai "de ter comiseração pelos conquistados", Eneias não pode demonstrar a piedade que o resto da *Eneida*, como a *Ilíada*, apresenta como moralmente admirável. Por uma certa perspectiva, a raiva de Eneias é compreensível e até justificável, pois foi despertada pela vontade de vingar a morte de Palante por Turno. Mas Virgílio enquadrou cuidadosamente o combate final como se fosse um matando outro igual, e essas imagens de autodestruição transformam a cena final numa vívida encarnação da carnificina das guerras civis de Roma. Assim, a *Eneida* mistura a esperança para o futuro e a ansiedade por paz – por exemplo, como a morte de Turno encerra a guerra em uma era heroica da Itália, a vitória de Augusto pôde encerrar a sangria na Roma contemporânea – com a consciência de que a violência poderia estourar facilmente de novo, como apresenta *Eneias* no último ato.

Todos os escritores épicos latinos posteriores a Virgílio tinham que encontrar uma solução para se envolverem com êxito em sua produção. Ovídio respondeu ao desafio ao tomar para si um tema ainda maior (toda a história cósmica, nada menos) e, ao explorar a maleabilidade do gênero épico como nunca antes, criou, na sua *Metamorfoses*, um trabalho com tal diversidade que depois seria qualificado como heroico-cômico e até antiépico. Os quinze livros das *Metamorfoses* contam a história do universo desde a criação até a época de Ovídio (o poema só foi terminado pouco antes de Augusto enviar Ovídio ao exílio em 8 E.C.), mas de uma maneira engenhosa, pela narração

49

de mais de 250 mitos gregos e romanos de metamorfoses, desde Dafne perseguida por Apolo, sua fuga e transformação numa árvore, o loureiro, no Livro 1, até a deificação de Júlio César, no Livro 15. Enquanto Virgílio havia incorporado muitos outros gêneros em sua épica, como fizera no caso de amor entre Dido e Eneias ao infundir tanto poesia de amor como tragédia, Ovídio leva esse processo adiante, criando uma forma particularmente híbrida da épica para combinar seu tema de transformação de uma forma em outra.

Sexo e humor são motivos particularmente dominantes, uma vez que muitas transformações são estimuladas pelo desejo – em geral de um deus por uma mulher, destacando a crueldade e a negligência divina/masculina –, e o estilo narrativo está repleto de humor verbal e jogo de palavras. Até Ovídio se divertia com a *Eneida*, empacotando a queda de Troia (para a qual Virgílio havia devotado um livro inteiro) em apenas quatro palavras: "Troia caiu, Príamo também" (*Troia simul Priamusque cadunt*, 13.404). Como uma história do mundo na forma do mito greco-romano, as *Metamorfoses* são um exemplo de uma proeza sensacional da transformação da cultura grega na romana, e como uma enciclopédia do mito, esse é reformulado na elevada imaginação visual de Ovídio, razão pela qual exerceu enorme influência sobre os artistas e escritores posteriores. Além disso, é também um dos mais enigmáticos dentre os textos literários antigos, já que a penetrante sagacidade de Ovídio dificulta afirmar quão sérias são suas piadas sobre César e Augusto, ou quão profundamente deve ser considerado seu questionamento acerca da identidade humana (o que separa o humano do divino, ou o homem da besta, e assim por diante). As modernas interpretações são amiúde muito importantes, detectando resistência ideológica a cada passo, mas a gente tem a impressão de que o fantasma de Ovídio pode estar rindo em segredo da gravidade delas.

O diálogo com a *Eneida* (e com as *Metamorfoses*) constitui uma característica definidora das principais epopeias latinas do século I E.C.: *Farsália* (Guerra Civil) de Lucano, escrita sob Nero, *Tebaida* de Estácio, *Argonáuticas* de Valério Flaco e *Púnicas* de Sílio Itálico. Esses poemas foram compostos sob a dinastia flaviana (nos reinos de Vespasiano e seus filhos Tito e Domiciano). Embora todos modelassem seu assunto, quer histórica ou miticamente, ao mundo romano contemporâneo, é a épica de Lucano que tem melhor sucesso não apenas ao criar um estilo diferenciado – barroco na sua retórica, gótico na sua violência, deleitando-se no sobrenatural e no grotesco – mas, também, ao dar uma continuidade ao projeto da *Eneida* em explorar o legado das guerras civis de Roma. Nas primeiras linhas do poema, Lucano descreve seu tema, o conflito entre César e Pompeu que destruiu a república, como "guerras [...] pior do que guerras civis, e legalidade conferida ao crime" (1.1-2). Recorrendo à violência e ao espetáculo no campo da disputa, o narrador fala da "dupla de gladiadores sempre presente, da liberdade *versus* César" (7.695-696) e mostra como a liberdade (*libertas*) é finalmente aniquilada. A esperança condicional da *Eneida* de que Augusto criaria uma sociedade melhor e menos violenta se desfez, como demonstrou o sistema imperial resultante ao tornar Lucano e seus contemporâneos escravos de um tirano. A epopeia de Lucano é, em geral, denominada de "anti-Eneida", mas isso implica negligenciar a própria ansiedade de Ovídio sobre a violência futura; ainda assim, a *Guerra Civil* é uma rigorosa análise da "loucura" (do *furor*) que Lucano vê como *leitmotiv* da história romana desde a ascensão dos ambiciosos senhores da guerra da última república. Descoberto como partícipe de uma conspiração para substituir Nero por outro (menos autocrático) imperador, Lucano cometeu suicídio com apenas 25 anos de idade, em 65 E.C.

Para os antigos leitores, o gênero épico era definido pela forma do verso (poesia escrita em hexâmetros dáctilos, a métrica característica da epopeia) mais do que pelo tema. E para concluir, vale considerar uma forma diferente da antiga épica – cujo ostensivo objetivo era o de instruir o leitor em assuntos tão variados como o cultivo, a caça, a filosofia e a ciência. A despeito da variedade de tópicos, toda poesia didática é caracterizada por uma dinâmica professor-aluno, que se baseia na relação entre o poeta e seu destinatário (ou "aluno") que está dentro do poema e que se estende para nós, os leitores (ou "alunos"), fora dele. Ninguém gosta de ser ensinado, de modo que o destinatário interno permite ao poeta receber a mensagem dele sem parecer intimidar o seu público. Essa básica triangulação é usada de diferentes maneiras pelos vários poetas, de forma que o leitor é em geral guiado para se identificar com o destinatário, mas pode também vê-lo como um modelo a ser evitado.

Esse último caso, por meio do qual o leitor é encorajado a fazer melhor do que o destinatário interno, aparece no primeiro poema didático que sobreviveu, *Os Trabalhos e os Dias*, uma reflexão sobre autoaperfeiçoamento e trabalho honesto escrita por Hesíodo (um contemporâneo próximo de Homero), nos primórdios do século VII a.E.C., no qual Hesíodo ensina a seu perdulário irmão Perses como resolver a sua vida. A *persona* de Hesíodo e a de seu irmão são cuidadosamente construídas para se adequar aos temas centrais do poema ligados ao trabalho árduo e à justiça: Hesíodo é um sujeito rude que fala o que lhe vem à mente como um camponês – sua cidade natal era Ascra, na Grécia central, "ruim no inverno, insuportável no verão, desagradável em qualquer tempo" (640) –, enquanto Perses é preguiçoso e financeiramente corrupto.

Como o mito bíblico da Queda, os mitos de Hesíodo da desobediência de Prometeu a Zeus (que foi punido pela criação da primeira mulher, a enganosa e sedutora Pandora) e as cinco idades da humanidade (ouro, prata, bronze, heroica, ferro – estando nós presos na dura idade do ferro) servem para explicar por que o trabalho é necessário e a honestidade é o melhor. Embora Hesíodo ofereça alguma instrução prática sobre agricultura e os dias considerados felizes ou infelizes para certas tarefas (daí o título do poema "trabalhos" e "dias"), não se trata de um manual técnico, mas de uma obra literária sofisticada que usa os tropos de um almanaque de agricultor – velhos provérbios (*e.g.* "Dê a quem lhe dá, mas não dê àquele que não lhe dá") e humor enviesado ("Não permita que uma mulher que ostenta o traseiro te engane com sua conversa lisonjeira: ela está atrás de seu celeiro") – a fim de reforçar e encorajar sua apresentação da moralidade popular e sabedoria gregas.

A mais recente das epopeias didáticas latinas que sobreviveu e a mais bem-sucedida é um poema *Sobre a Natureza do Universo* de Lucrécio, completada no ano 50 a.E.C., que aborda a teoria atomista e suas ramificações (em si uma rara proeza), sendo também um dos maiores trabalhos da literatura latina. A poesia, explica Lucrécio, torna seu tema técnico mais palatável, e ele fala em revestir sua filosofia "com o doce mel das musas", tal qual um médico que põe mel na borda de uma caneca para seduzir uma criança a beber um remédio amargo. A missão de Lucrécio é converter o leitor ao epicurismo, isto é, a abrangente teoria do mundo e do nosso lugar nele, desenvolvida por Epicuro, um filósofo grego ativo por volta do ano 300 a.E.C. Os seis livros da épica são cuidadosamente estruturados, movendo-se de um nível micro para um nível macrocósmico, do átomo e seus componentes (Livros 1 e 2), pela mente, a alma e os sentidos humanos (Livros 3 e 4), até a criação de nosso mundo e o desenvolvimento da civilização (Livros 5 e 6). Lucrécio demonstra que o universo inteiro consiste de átomos (indivisíveis porções de matéria, infinitas em número) e de vácuo (espaço vazio, infinito em extensão), e caminha na elaboração de conceitos como "desvio", um movimento imprevisível e ao acaso de átomos que explica por que possuímos livre-arbítrio, e ainda a alegação de que há muitos mundos além do nosso, ideias que não distam um milhão de anos-luz da moderna teoria quântica.

Entretanto, felizmente, o objetivo do poema não é o de nos ajudar a passar em um exame de física, mas o de alcançar a felicidade ao nos salvar do medo irracional, em especial do temor da morte e dos deuses, que

Lucrécio encara como os dois mais perniciosos aspectos da sociedade humana. Como consequência, apresenta mais de trinta diferentes argumentos para a mortalidade da alma, ao justificar (contra o medo da morte) que, uma vez que não estávamos aqui antes do nascimento e nem estaremos depois da morte, seria insensato temer o que não estaremos aptos a experimentar. E, como Epicuro, ele defende não que os deuses não existam, mas que existem sim, porém eles próprios não estão preocupados com as questões humanas, pois fazer isso causaria uma ruptura na sua famosa "abençoada" existência. A acusação de Lucrécio não é dirigida aos deuses, mas ao corrupto sistema religioso criado pelos humanos em nome deles, no qual os clérigos e seus mitos nos impedem de investigar a verdadeira natureza do universo – um debate entre ciência e religião que perdura até hoje. Contudo, o maior desafio aos romanos contemporâneos está na condenação que faz Lucrécio da ganância, da corrupção e da ambição, que estavam prestes a mergulhar a sociedade romana numa catastrófica guerra civil. O poeta desdenha dos políticos ricos e dos senhores da guerra como César e Pompeu:

Eles aumentam as suas riquezas com o sangue dos concidadãos, duplicam ávidos os bens, acumulando a morte sobre a morte. (3.70-71; trad. Agostinho dos Santos.)

A resposta de Lucrécio à corrupção e à violência da vida pública é radical: apenas saindo fora da corrida de ratos de Roma se pode escapar do materialismo da sociedade contemporânea e da pobreza, tanto intelectual quanto ética, daquilo que passa como "sucesso" na vida moderna. *Plus ça change.*

Nosso último exemplo de poesia didática são *As Geórgicas* de Virgílio (do grego *georgika*, que significa "coisas relacionadas à agricultura"), que extrai conteúdos tanto de Hesíodo como de Lucrécio. Qual Hesíodo no seu *Os Trabalhos e os Dias*, o poema pretende oferecer conselho prático para a agricultura e louvores à vida simples do camponês; e como Lucrécio, Virgílio explora o lugar da humanidade no mundo, especialmente a nossa relação com o ambiente natural, e como podemos nele alcançar a felicidade. Virgílio aborda a colheita e os sinais do tempo (Livro 1), árvores e videiras (2), a criação de gado (3), e finalmente a criação de abelhas (4), enfatizando os valores morais ligados ao *labor* ("trabalho árduo"), particularmente como um meio de transformar o mundo natural hostil para nosso benefício. Porém, ao mesmo tempo, as metáforas de força e coerção usadas para descrever a domesticação da natureza pela humanidade apontam para os efeitos desestabilizadores da violência na própria vida humana.

Escrita nos fins dos anos 30 a.E.C., e finalizada depois da vitória crucial de Otávio (o futuro Augusto) em Ácio no ano 31 a.E.C., *As Geórgicas* assemelha-se à posterior *Eneida* ao focalizar as guerras civis e a luta por uma sociedade equilibrada e mais pacífica. Virgílio acentua que esses conflitos representam uma catástrofe natural e humana, na medida em que uma região rural é devastada pela guerra.

tantas guerras pelo mundo, tantas as faces dos crimes, nenhuma honra digna do arado: os campos se eriçam, tomados os colonos, e as foices curvas são fundidas em espada dura.
(1.505-508; trad. Matheus Trevizam.)

E, como na *Eneida*, Virgílio apresenta Otávio como a única fonte de esperança, como um renovador dos campos de cultivo da Itália e de todo mundo romano, ao mesmo tempo que também reconhece quão frágil é essa esperança, de modo que nenhum leitor deixaria de reconhecer a participação de Otávio na mortandade das recentes guerras civis e a ainda distante estabilidade da "paz augustana".

3

POESIA LÍRICA E PESSOAL

Este capítulo terá como foco uma ampla gama de poesia, desde a lírica grega arcaica até a elegia de amor romana. O que une essas várias formas é a sua base no mundo daquele que fala (o "eu" do poema), cujas ideias e experiências vêm à tona. Pois, enquanto gêneros como o épico e a tragédia estão caracteristicamente interessados no passado mítico, onde o "eu" do poeta só ocasionalmente aparece em primeiro plano (como na épica) ou nem aparece (como na tragédia), muito da poesia que aqui veremos parece saltar dos sentimentos e respostas daquele que fala no aqui e agora.

À primeira vista esse tipo de poesia nos parece altamente familiar. A ênfase Iluminista sobre o individual como social, político e artisticamente determinativo culmina na ideia romântica de que o sentimento espontâneo e genuíno é o fundamento da melhor e mais verdadeira poesia. A famosa definição de William Wordsworth sobre poesia no prefácio de suas *Lyrical Ballads* (Baladas Líricas, 1802), como o "transbordamento espontâneo de poderosos sentimentos", encapsula uma concepção de arte como estribada na resposta emocional pessoal do poeta em relação ao mundo, e ainda hoje permanece influente. Entretanto, embora a arcaica poesia lírica ou pessoal pretenda expressar a resposta daquele que fala ao mundo, e conquanto não reste nenhuma dúvida (nem da audiência) de que essa resposta se baseia na experiência pessoal do poeta quanto ao amor e à guerra, (e assim por diante), a meta do antigo poeta não é refletir sobre sua própria experiência, mas construir uma *persona* que a audiência ache verossímil e interessante.

Em outras palavras, é preciso tomar cuidado com a falácia biográfica, isto é, não interpretar a obra criativa como reflexo da vida de seu autor ao ler a poesia lírica ou "pessoal" arcaica. Vimos no último capítulo, por exemplo, como Hesíodo criou as *personae* do briguento camponês e do irmão perdulário para se adequar às necessidades de seu poema didático *Os Trabalhos e os Dias*, e na poesia lírica ou pessoal assistimos ao mesmo processo numa escala muito mais ampla, na medida em que os poetas adotam maior variedade de *personae*, todas elas apropriadas ao gênero escolhido (*e.g.* canções insultuosas de Arquíloco), e ao seu contexto performático (simpósio aristocrático, festival público etc.), bem como ao objetivo do narrador (seja quando Píndaro louva atletas vitoriosos nos hinos corais, ou Catulo lamenta a infidelidade de sua amante).

Também devemos nos precaver com a ideia de que, porque grande parte dessa poesia é (ou pretende ser) "pessoal", ela seja, de algum modo, menos tradicional ou menos preocupada em interagir com obras literárias mais antigas. De novo, essa é uma noção moderna: o filósofo Immanuel Kant, por exemplo, reivindica que "Dentre todas as artes, a poesia encontra-se no posto mais alto. Ela deve suas origens quase inteiramente ao gênio e é menos aberta a orientações por preceitos ou exemplos" (*Crítica do Juízo*), expressando uma concepção de poesia como a pura manifestação do indivíduo, não propenso a tropos literários ou tradições – o extremo oposto dos antigos poetas, líricos ou não, que estão sempre atentos ao tipo de gênero que estão escrevendo e à história desse gênero.

Comecemos com a poesia lírica arcaica. O termo "lírica" aqui é genérico, pois abarca toda poesia grega antiga que não seja épica ou drama, e cobre, assim, uma variedade de formas poéticas, expondo uma miríade de *personae*. Por convenção, se subdivide essas obras em gêneros menores – jambos, elegia e poesia lírica propriamente dita, tanto solo como coral (veremos depois) – mas isso não deverá obscurecer o fato de que o poeta é livre para escrever nas diferentes formas que ele ou ela acharem adequado: Arquíloco deixou tanto jambos quanto elegias, ao passo que Safo compôs canções solo (poemas pessoais de amor, por exemplo) e obras corais (como hinos nupciais). Tais categorias são artificiais e podem mascarar a continuidade entre diferentes formas, e são baseadas em diferentes aspectos – "lírica" na ideia de canção, elegia na métrica, jambo no assunto –, mas elas ainda podem ser úteis para nos proporcionar uma visão da "cultura da canção" na Grécia antiga.

As principais performances para essas diferentes formas de poesia foram o simpósio e o festival público. O simpósio era uma festa da classe alta regada a bebidas, em que os homens da elite podiam ouvir os poetas ou eles próprios declamarem. O "simposiarca", ou o "responsável pela bebida", era escolhido e estabelecia quão forte o vinho deveria ser (ou seja, o quanto de água se lhe deveria adicionar), além de ser encarregado de manter a segurança e não permitir o caos de uma bebedeira. Havia mulheres, mas não casadas; escravas e cortesãs podiam fazer acompanhamentos musicais ou outros serviços – estas foram desenhadas (porno-)graficamente em jarras e copos de vinho que subsistiram. Os festivais cívicos, por outro lado, eram feriados públicos, em que toda a comunidade se divertia não apenas no sacrifício em larga escala de animais (comer carne era um deleite, não uma ocorrência diária), mas também em competições atléticas, musicais e poéticas.

Voltando aos subgêneros da lírica individual, o termo jambo pode ter sido originalmente conectado a um tipo tradicional de poesia zombeteira e irreverente apresentada em festivais de Deméter e Dioniso (deidades associadas ao sexo e à fertilidade, entre outras coisas). Mas o alcance da poesia jâmbica prova que o gênero se desenvolveu para além de origens ligadas aos cultos, incorporando uma variedade de temas e propósitos. Caçoada e abuso são suas características proeminentes, acompanhadas de explicitações e obscenidades sexuais (a expressão "filho da puta", por exemplo, aparece apenas nos jambos), bem como encontramos fábulas de animais e a exortação moral e política. O relativamente "baixo" ou popular registro linguístico do jambo fez dele um meio ideal para a política democrática: assim, o político ateniense e poeta Sólon – ativo nos primórdios do século VI a.E.C., e posteriormente alçado a herói fundador da democracia grega – defendeu suas reformas políticas e econômicas em versos jâmbicos, reivindicando (entre outros feitos) ter liberado aqueles atenienses escravizados por ricos senhores devido a dívidas.

A variedade de jambos é claramente encontrada no principal expoente do gênero, Arquíloco, que exerceu seu mister em meados do século VII a.E.C. e cuja reputação na Antiguidade era tal que seu nome era citado ao lado do de Homero como um dos maiores poetas. Famoso pela energia e sagacidade de suas invectivas poéticas, a caçoada de Arquíloco tem também um lado sério quando zomba do aristocrático ideal do homem "belo e bom", ideologia na qual beleza, nobreza e excelência andavam juntas:

> Não gosto do grande general, nem do que anda a largo passo, nem do que é vaidoso de seus cachos, nem do bem barbado, / mas que me seja pequeno e com pernas tortas de se ver, / plantado firme sobre os pés, cheio de coragem.
> (Fr. 114; trad. Paula Corrêa.)

A ideia jâmbica de zombaria como algo que vai além da superfície das coisas para revelar a verdade aqui se volta contra o elegante e aristocrático comandante de tropa, o qual apenas mantém a aparência.

Arquíloco também explora o conhecimento que sua audiência tem dos animais, especialmente os moldados pela tradição folclórica das fabulas com animais, a fim de produzir imagens resumidas e alusivas:

> Muita coisa sabe a raposa; o porco-espinho, uma grande.
> (Fr. 201; trad. Paula Corrêa.)

Como nesse verso, Arquíloco identifica-se muitas vezes com o animal aparentemente mais fraco que acaba levando a melhor sobre seu inimigo. A "grande coisa" do porco-es-pinho é poder se enrolar como uma bola cheia de pontas, e o paralelo com o narrador se faz explícito mais adiante:

> Uma grande coisa sei:
> a quem me fez mal, responder com terríveis males.
> (Fr. 126; trad. Paula Corrêa.)

A mensagem é clara: se você tenta ferir Arquíloco, não só ele pode se proteger, como pode fazê-lo (da mesma maneira que o porco-espinho) de modo a lhe causar sofri-mento – incluindo, está implicado, a produção de poemas abusivos a seu respeito.

Uma das mais famosas séries de poemas de Arquíloco diz respeito a sua relação com um certo Licambo e suas filhas. De acordo com a antiga tradição, que interpreta os poemas autobiograficamente, Licambo prometera sua filha Neobule em casamento a Arquíloco, mas quebrara o compromisso. Arquíloco vingou-se alegando ter feito sexo com ambas, Neobule e sua irmã, destruindo, assim, a reputação das duas moças (como promíscuas) e a do pai (por perjúrio), de modo que toda a família, de ver-gonha, cometeu suicídio. No poema, o narrador rejeita a primeira noiva, Neobule, como produto estragado ("ela tinha muitos homens como amigos") e, por sua vez, seduz sua jovem irmã (fr. 196 a). O fim do poema é, ao mesmo tempo, explícito e ambíguo: "Lancei meu poder esbranquiçado quase roçando o cabelo dourado". Isso cria suspense e interesse entre a audiência (os ligeiramente bêbados das festas ou as multidões barulhentas dos festivais), que é encorajada não só a especular entre si sobre o que exatamente aconteceu, mas também aguardar ansiosamente o próximo capítulo lascivo que Arquíloco contará da história de Licambo e suas filhas. Tal invectiva jâmbica não é apenas puramente sexual, pois codifica também valores morais básicos de uma tardia audiência grega arcaica – no caso, preocupada com a manutenção da palavra dada, o policiamento da castidade das jovens solteiras e o valor da restrição sexual (para mulheres, é claro, a fim de seguir o duplo padrão de uma sociedade patriarcal).

Diferentemente dos jambos, que são definidos mais pelo conteúdo do que pela sua métrica, a elegia abarca toda poesia escrita em dístico elegíaco, que era uma das formas poéticas populares que atravessou a Antiguidade. A elegia grega era de modo geral cantada com o acompanhamento do aulo, um instrumento semelhante ao oboé, de palheta dupla, em geral tocado por um único músico (auleta). Não podemos pensar em "elegia" no sentido moderno de uma canção ou poema lutuoso, pois embora estivesse associada a lamentos e epitáfios na Antiguidade (a origem de nossa moderna definição) a elegia era uma forma altamente flexível e usada numa profusão de temas, desde a narrativa mitológica ou histórica até os perenes temas orgiásticos ligados ao vinho, às mulheres (mais os rapazes) e às canções.

Como Arquíloco nos seus versos jâmbicos, encontramos poetas elegíacos adotando uma variedade de *personae* amoldadas tanto à ocasião quanto à audiência. Um dos mais notáveis é Teógnis, um poeta do fim do século VII a.E.C., cujas elegias apresentam o papel de um amargurado aristocrata, um homem que perdeu seu *status* numa revolução pró-democracia e, condenado ao exílio, planeja agora sua vingança. Teógnis endereça seus murmúrios ao seu jovem amante, Cirno, que é instigado a ouvir e aprender. Flui assim um típico lamento:

> Cirno, esta cidade ainda é uma cidade, mas outro é o povo:
> os que antes não conheciam a justiça e as leis,
> mas nos flancos usavam curtidas peles de cabras,
> e como corças viviam fora da cidade,
> hoje em dia são bons, Polípeda! E os nobre de ontem
> ora são escória. Quem suportaria ver isso?
> (Parte de fr. 53-58A; trad. Giuliana Ragusa e Rafael Brunhara.)

A poesia de Teógnis captura a ansiedade das comunidades aristocráticas da Grécia inteira no período arcaico, na medida em que sua governança estava ameaçada pela ascensão da democracia ou por demagogos que almejavam o poder com o apoio popular e então estabeleciam-se como tiranos. Sua defesa do privilégio estabelecido e o ódio pelo vulgar e pelos *novos ricos*, faz das elegias de Teógnis uma escolha popular nos simpósios aristocráticos, onde a sua declamação ajudava a construir uma solidariedade de grupo e de classe em face do temor de uma mudança.

O apelo à solidariedade e seu fortalecimento são também importantes nas elegias militares de Tirteu, um poeta espartano da metade do século VII a.E.C., que incitou seus camaradas espartanos a lutar até a morte em defesa de sua cidade e de seu povo: "Belo, sim, é morrer, na vanguarda caindo / um varão valoroso a lutar pela pátria." (Fr. 10.1-2; trad. Giuliana Ragusa e Rafael Brunhara.) A poesia de Tirteu persiste na vergonha da derrota como na glória da vitória e reflete o implacável militarismo da sociedade espartana, que não era usual mesmo pelos antigos padrões. Cerca de cinquenta anos antes de Tirteu, no fim do século VIII a.E.C., Esparta conquistara os messênios, um povo vizinho (e amigo dos gregos) que se tornou "hilota" (ou povo capturado), grupo nacional em permanente permanente escravidão, cujo trabalho forçado tornou a sociedade militarizada de Esparta possível, uma vez que os homens espartanos estavam livres da necessidade de trabalhar e podiam se tornar soldados em tempo integral, mas também necessária para reprimir o permanente perigo de rebelião do povo escravizado. Tirteu descreve os cativos messênios como "asnos oprimidos por ingentes fardos" (fr. 6; ibidem), e sua poesia, escrita durante a assim chamada Segunda Guerra Messênia, que se seguiu a outra rebelião, é orientada para manter o domínio e reforçar os valores militares da sociedade espartana. Suas elegias marciais inspiraram os exércitos de Esparta em campanha por séculos afora.

Por convenção, denominamos o restante da poesia (isto é, que não são jambos nem elegias) de poesia lírica propriamente dita, e posteriormente a subdividimos em poesia lírica coral e poesia lírica monódica, dependendo do fato de ser executada por um coro ou por um cantar solo. Algumas vezes não fica claro se o poema foi escrito para performance solo ou coral, no entanto, o que era orginalmente coral sempre poderia ser recitado por um cantor solo (no simpósio, por exemplo). Em todo caso, o que caracteriza essa poesia é a importância da música e do canto – e, no caso da poesia coral, da dança – uma vez que tudo era cantado com acompanhamento musical, fosse pelo aulo, pela lira ou por outros instrumentos de corda.

Talvez a mais famosa e fascinante dos poetas líricos seja Safo, que trabalhou na ilha de Lesbos, no fim do século VII a.E.C. A maior mulher escritora da Antiguidade, Safo era louvada pelos antigos fãs como "a décima Musa". Ela escreveu uma variedade de formas corais, incluindo canções de casamentos e hinos a deuses, porém é mais conhecida (principalmente) por sua poesia solo sobre o amor, especialmente o amor entre mulheres. Alega-se, com frequência, que o relacionamento erótico aberto de Safo com seu círculo feminino também preenchia um propósito educativo através do qual suas "alunas" aprendiam uma ampla gama de atividades para uma vida futura como mulheres casadas ou mães, incluindo música, ornamentação e práticas religiosas. Nesse modelo, o grupo de Safo é visto como uma contraparte feminina aos bem comprovados ritos homossexuais de passagem para rapazes em outras partes da Grécia dos períodos arcaico e clássico.

Por outro lado, suas relações poderiam ser apenas eróticas, sem a necessidade de reivindicar um fim pedagógico. (Em outros termos, Safo poderia estar se dirigindo a uma sucessão de amantes femininas, não, por certo, como parte de um grupo institucionalizado.) De qualquer modo, é claro que a poesia de Safo celebra a intimidade física e o desejo entre mulheres. Em um poema, por exemplo, ela consola uma amante que está de partida com memórias de como "sobre o leito macio [...] saciavas teu desejo" (fr. 94.21-23; trad. Giuliana Ragusa). A imagem vitoriana de Safo como a (casta) professora abafou esses elementos lesbianos indesejáveis – embora, curiosamente, os preocupados cavalheiros eruditos, muitos deles educados em internatos, não tivessem problema em aceitar o período da atividade homossexual dos rapazes da antiga Grécia.

Boa parte dos poetas líricos homens deleitavam-se com uma variedade de amantes de ambos os sexos, mas nenhum deles é páreo para a insistência de Safo na centralidade do amor para a sua existência:

> Uns, renque de cavalos, outros, de soldados,
> outros, de naus, dizem ser sobre a terra negra
> a coisa mais bela, mas eu: o que quer
> que se ame.
> (Fr. 16. 1-4; trad. Giuliana Ragusa.)

Aqui a perspectiva da narradora é provocativamente oposta à dos valores "masculinos" da glória marcial, enquanto outro poema examina e descreve com pormenor o ciúme e o desespero daquela que fala enquanto observa sua amada na companhia de um homem (fr. 31). Dolorosamente para nós, apenas um poema de Safo restou completo, no qual implora para Afrodite ajudá-la a vencer a resistência de uma mulher não receptiva (fr. 1). Ainda assim, a própria fragmentaridade da poesia de Safo serve para iluminar a sutil simplicidade e a beleza cativante de suas imagens; assim, por exemplo, "Eros sacudiu meus / sensos, qual vento montanha abaixo caindo sobre as / árvores" (fr. 47; trad. Giuliana Ragusa), "Eros de novo – deslassa-membros – me agita, / dulciamara inelutável criatura" (fr. 130; ibidem) ou (para sua própria filha) "Tenho bela criança, portando forma símil / à das áureas flores, Cleis, filha amada" (fr. 132.1-2).

A poesia coral era cantada e dançada por todas as camadas da sociedade grega antiga (mulheres, moças, homens e rapazes se apresentavam em coros separados), e a voz coletiva do coro tinha um importante papel na articulação dos valores da comunidade pela qual, e para a qual, era performada. A performance coral era uma parte básica da veneração religiosa e do entretenimento do festival e marcava a maior parte dos eventos na vida do indivíduo, desde as canções de casamento até os lamentos fúnebres. Comparado ao solo lírico, a poesia coral era escrita em grande escala e no mais elevado estilo, utilizando formas métricas elaboradas, sintaxe complexa, dicção floreada e metáforas audaciosas.

O maior *corpus* de poesia coral que sobreviveu é a coleção de mais de quarenta odes triunfais (ou *epinícios*, *epinikia*) de Píndaro, compostas para celebrar vitórias nos quatro maiores festivais atléticos (sendo o mais prestigioso deles os Jogos Olímpicos) na primeira metade do século v a.E.C. Os vencedores que que encomendavam a composição delas a Píndaro provinham de todo mundo falante do grego, mas estavam unidos no desejo de imortalizar seus sucessos na poesia. As odes menos elaboradas talvez tenham sido compostas e apresentadas no festival logo após o evento, mas a maior parte delas foi escrita para ser apresentada no retorno do vitorioso à sua cidade natal, e cópias eram guardadas por sua família para que pudessem ser reapresentadas nos anos subsequentes (embora não necessariamente por um grande coro dançando e cantando, como em sua estreia).

Píndaro foi muito valorizado pela grandeza de seu estilo, que pode soar barroco e bombástico ao gosto moderno, mas que era considerado por seus clientes um meio perfeito para comemorar a escala e o brilho de suas realizações. Além de fornecerem detalhes pessoais como as vitórias anteriores do cliente ou de sua família, as odes têm por característica narrar um episódio do mito (em geral, relacionado à cidade natal do vitorioso) cujos pormenores eram cuidadosamente modelados, como na retórica mais ampla dos poemas de louvor, a fim de evidenciar vários fatores – habilidade inata, trabalho e treino árduos, ambição guiada moralmente, apoio das divindades etc. – que conduziram o vitorioso ao sucesso. De novo, podemos ser reticentes quanto à ênfase das odes com respeito à excelência inata e à superioridade do vitorioso em relação ao homem comum, mas o ponto de vista conservador de Píndaro reflete e ampara a cosmovisão aristocrática de seus ricos e poderosos patronos. No momento da vitória divinamente ajudada, insiste Píndaro que a efemeridade humana é transcendida.

> Efêmeros. O que somos nós? E o que nós não somos?
> O ser humano é o sonho de uma sombra, mas quando vem
> O brilho de Zeus pros homens, há luz e uma vida boa.
> (*Odes Píticas* 8.95-97; trad. Leonardo Antunes.)

E ainda, quando o potencial humano é realizado, sabe-se também que o sucesso pode incitar a inveja, seja de amigos humanos ou de deuses, e a inflexível insistência da ode (para nossa surpresa) na mortalidade e nas limitações do homem serve para proteger o vitorioso dos perigos do sucesso.

Segundo o filósofo e dramaturgo romano, Sêneca, "Cícero afirmou que mesmo que seu tempo de vida fosse duplicado, ele não teria tempo de ler os poetas líricos" (*Epístolas Morais* 49.5). Felizmente, grande número de romanos apreciava muito a poesia lírica, e a literatura latina possuía uma ampla gama de poesia pessoal e lírica para rivalizar com os gregos. Talvez a figura mais impressionante seja Catulo, que escreveu durante o fim da república (dos anos 60 aos meados dos 50 a.E.C.), e cuja obra, apesar de pequena (116 poemas), apresenta um enorme espectro de formas e estilos poéticos, desde miniépicas e hinos religiosos até paródias literárias e sátiras sociopolíticas. Mas é a poesia de Catulo referente ao seu caso com uma mulher casada, a quem ele chamava de Lésbia, que se tornou a parte mais popular de sua obra. Seus 25 poemas (na maioria curtos) apresentam vários instantâneos da relação do casal, mas não cronologicamente, de modo que cabe ao leitor pôr em ordem as peças da história desse romance, desde a paixão inicial e a felicidade até a desilusão e o ódio, ao se dar conta de que Lésbia estava dormido com outros homens além dele.

A disposição de muitos leitores em acreditar nesse caso e procurar a verdadeira mulher atrás do pseudônimo "Lésbia" (em alusão a Safo, proveniente de Lesbos), é um tributo à hábil espontaneidade e à aparente sinceridade da poesia de Catulo, quando da luta entre o conhecimento de Catulo sobre quem realmente Lésbia era e seu avassalador desejo, dramatizado em apenas duas curtas linhas:

Odi et amo, quare id faciam, fortasse requeris,
nescio sed fieri sentio et excrucior. (Poema 85.)

Odeio e amo. Talvez queiras saber "como"?
Não sei. Só sei que sinto e crucifico-me.
(Trad. João Ângelo Oliva Neto.)

Entretanto, o problema com tal abordagem biográfica é que não apenas se negligencia os antecedentes literários para esse relacionamento, pois o que sucede aí é uma reelaboração da literatura anterior (em especial da poesia erótica), mas também ocorre o risco de se obscurecer os estereótipos sexuais e a ideologia subjacente na narrativa de Catulo, que permite ao poeta homem/o narrador envolver-se em adultério, enquanto ataca sua parceira mulher como promíscua.

Em outras palavras, Catulo criou, como todos os poetas líricos antes dele, uma *persona* cujas expressões de sentimento pessoal e forte emoção, além de serem reconhecíveis, encantam. Nos poemas a Lésbia, a *persona* de Catulo é a de um devotado e traído amante, um homem que é sempre a vítima e que coloca todas as faltas morais do outro lado. Assim, por exemplo, ele descreve sua relação como "esse eterno pacto de sagrada amizade" (*aeternum hoc sanctae foedus amicitiae*, 109.6), dissimulando sua cumplicidade no adultério e desempenhando o seu papel de vítima da traição de Lésbia.

Catulo claramente pretendia que tal poesia horrorizasse o contexto romano, tanto na celebração de um caso de adultério como na sua luta por um estilo de vida que, rejeitando uma carreira convencional para uma existência dominada pelo amor e prazer fosse, ao mesmo tempo, nada viril e nada romana. Ao amar Lésbia, Catulo desafiou todos aqueles romanos antiquados e sufocantes, que simplesmente nada entendem:

> Vamos viver, minha Lésbia, e amar,
> e aos rumores dos velhos mais severos,
> a todos, voz nem vez vamos dar.
> (5.1-3; trad. João Ângelo Oliva Neto.)

E para entreter sua audiência com uma *persona* escandalosa que rompesse toda regra da moralidade convencional romana, Catulo pavimentou o caminho da elegia amorosa romana, um gênero de poesia erótica criada pela próxima geração de escritores romanos.

Licóride, amada por Cornélio Galo; Cíntia, por Propércio; Délia e Nêmesis, por Tibulo; e Corina, por Ovídio: quatro autores, todos influenciados pelos padrões de obsessão, ciúme e idealismo romântico desenvolvidos por Catulo na sua poesia sobre Lésbia. Mas cada um desses poetas deu seu próprio giro na *persona* do amante elegíaco e explorou à sua própria maneira as possibilidades do gênero. Tibulo, por exemplo, que escreveu nos anos 20 a.E.C., colocou seu mundo imaginário do amor no campo em vez de colocá-lo no mundo urbano de Catulo, Propércio e Ovídio. O cenário rural oferece uma escapada romântica e idílica das pressões de Roma, onde Tibulo e seus leitores podem usufruir a poderosa fantasia romana de uma simples vida rural. Propércio apresenta nos seus quatro livros uma crescente extensão do gênero, introduzindo diversos temas, inclusive a política e a história de Roma, retornando, assim, a elegia às suas raízes gregas, cuja forma é mais flexível. Sua amada Cíntia domina os primeiros dois livros, e ele se despede dela (e de sua vida como poeta do amor) no fim do Livro 3, mas ela retorna com uma vingança no Livro 4 – mesmo além túmulo, seu fantasma aparece a Propércio em sonho para atacá-lo por sua infidelidade. As obras elegíacas de Ovídio são algumas vezes rotuladas de "paródia", pois ele deliberadamente (e de modo ostensivo) joga com as convenções da elegia amorosa – o amante preso, o escravo intermediário, o rico rival, e assim por diante –, porém devemos ser cuidadosos com o termo "paródia" ou "desconstrução" aplicado a Ovídio para não obscurecer quão artificial e construída é também a *persona* do amante em Catulo, Tibulo e Propércio.

Dessa forma, suas amantes femininas tinham não só pseudônimos literários, mas também serviam como símbolos da própria tradição da poesia de amor e da contribuição do poeta para essa arte. Como Catulo, os outros poetas se decepcionaram com a infidelidade de suas namoradas, que não eram apenas belas, apaixonadas e temperamentais, mas também boas leitoras – uma alusão ao seu papel literário. Os poetas elegíacos emprestaram muitas convenções da poesia amorosa – por exemplo, a ideia de que o amor é como a guerra, cheio de batalhas e sofrimento, ou uma forma de escravidão a uma amante – e as adaptaram de modo a impressionar e excitar o mais possível sua audiência romana. Assim, Propércio proclama o amor mais importante que a lealdade à família de alguém ou o serviço militar devido ao Estado, enquanto Tibulo rejeita a ganância e as políticas do poder que levam à guerra: "O amor é um deus da paz, nós, amantes, honramos a paz", afirma Propércio (3.5.1), pressagiando o dito idealista dos rebeldes tardios dos anos 1960, "faça amor, não faça guerra". E enquanto a obsessão de Catulo presa aos caprichos e à infidelidade de Lésbia amea-çava inverter o poder dinâmico dos estabelecidos papéis de gênero, os poetas elegíacos foram além e divertiram-se, com certeza, na auto-humilhação de serem "escravos" do amor – uma imagem chocante numa sociedade escravista como a de Roma, onde o escravo é pouco mais do que uma ferramenta viva para o seu dono ou dona. A perda de auto-nomia deles beira às vezes o sadomasoquismo:

> Sim, para mim senhora e jugo vejo prontos:
> pra mim, paterna liberdade, adeus.
> Mais: sofro em duro jugo a vida acorrentado
> e nunca folga Amor grilhões a um mísero
> e, ou porque mereci ou porque errei, me queima.
> (Tibulo, *Elegias* 2.4.1-6; trad. João Paulo Matedi Alves.)

O leitor romano (masculino) poderia, desse modo, usufruir da intensa excitação da perda do poder e do autocon-trole que constituíam uma parte crucial de sua identidade. Os antigos romanos sentiam orgulho dos poetas latinos autores das elegias amorosas – "na elegia também rivali-zamos com os gregos", declarou Quintiliano (*Instituição Oratória* 10.1.93), e é justo afirmar que esses poetas foram bem-sucedidos na criação de um gênero que é, como a sátira (ver capítulo 8), caracteristicamente romano.

Se "tornar a coisa romana" é uma medida crucial para o sucesso de um autor latino no seu engajamento com os seus predecessores gregos, então as realizações de Horácio nos *Epodos* e nas *Odes* – ao reinventar o jambo e a lírica gregos para os leitores romanos – devem ser colocadas ao lado das transformações de Virgílio na épica, que ocorre-ram no mesmo e turbulento período. Os *Epodos*, escritos nos anos 30 a.E.C., adaptam o largo foco temático da poesia jâmbica grega – que, como vimos, incluía não apenas a injúria, mas também um amplo espectro de comentários sociopolíticos – para uma Roma nas garras da guerra civil. Nos *Epodos* 7 e 16, por exemplo, provavelmente escritos nos primórdios dos anos 30 a.E.C., Horácio instiga seus amigos romanos a abandonar sua fúria autodestrutiva, mas o poeta, prudentemente, esconde suas apostas e não toma partido na luta. Por contraste, nos *Epodos* 1 e 9, escritos depois da decisiva batalha de Ácio em 31 a.E.C., Horácio celebra o papel desempenhado nela pelo seu amigo e patrono, Mecenas, e embarca na propaganda do regime emergente de Augusto de que a guerra era contra a decadente inimiga estrangeira, Cleópatra, e sua influência sobre um homem fraco como Marco Antônio, e não uma guerra civil entre dinastias romanas competitivas.

A grande realização lírica de Horácio, entretanto, são seus quatro livros das *Odes*, nos quais ele toma as complexas tradições da lírica grega (abrangendo desde o estilo arcaico até o helenístico) e recria sua variedade musical e temática para o versado mundo literário da Roma de Augusto. Com grande ambição, Horácio afirma no primeiro poema de sua coleção que seu objetivo é o de ser integrado ao cânone alexandrino dos Nove Poetas Líricos:

> Porém se tu me incluis entre os líricos vates,
> tocarei com cabeça erguida as estrelas.
> (*Odes* 1.1.35-36; trad. Beethoven Alvarez.)

E, no final do poema do Livro 3 (os Livros 1-3 foram publicados juntos em 23 a.E.C.), ele orgulhosamente reafirma seu sucesso como o primeiro poeta lírico latino, isto é, como o primeiro a ter escrito poesia latina nas desafiadoras métricas da lírica grega:

> eu, de origem humilde,
> fui príncipe potente
> trazendo o canto eólio
> para os ritmos itálicos.
> (3.30.12-14; trad. Márcio Thamos.)

Desse modo, os nove poemas do Livro 1 são todos escritos numa métrica diferente, mostrando a habilidade sem precedentes de Horácio em modelar a linguagem latina para se adequar às tradições complexas e não nativas. Ademais, a insistência de Horácio na importância da música e da apresentação sublinha, também, seu novo *status* como o maior poeta público, pois as *Odes* de Horácio, diferentemente de seus arcaicos modelos gregos, não estão presas a um lugar particular de apresentação, mas foram escritas principalmente para serem lidas, e mesmo sua repetida alusão à música, à canção, à lira do poeta, à sua audiência e assim por diante, combinam-se para produzir a ilusão de performance, criando um sentido de espontaneidade e experiência compartilhada (como em um simpósio ou festival cívico), além de enfatizar a elevada posição de Horácio como poeta que, tal qual seus predecessores gregos, tem o direito de falar claramente sobre a vida de sua comunidade.

As *Odes* refletem todos os aspectos da sociedade romana contemporânea, desde os hinos religiosos até os poemas acerca da amizade, do amor e da política. E, como na lírica grega, a *persona* de Horácio se transforma para ajustar-se ao seu tema, desde o poeta-sacerdote das odes religiosas e políticas até o filósofo avuncular, e às vezes extravagante, das festas regadas a bebida, sempre pronto a dar sábios conselhos, tanto eróticos como metafísicos.

> Tem prudência: dilui o vinho e ajusta
> a esperança – que é longa – ao breve instante.
> Foge o tempo invejoso enquanto falo:
> — Colhe o dia e não contes que haja outro.
> (1.11.6-8; trad. Márcio Thamos.)

Horácio usa a experiência de todas grandes figuras da tradição lírica grega tão diversa quanto Safo e Píndaro, mas é com Alceu, um contemporâneo de Safo na ilha de Lesbos (ver figura 3), que Horácio mais frequentemente se identifica, uma vez que Alceu se tornou célebre como um poeta da política e da guerra e não menos da amizade, do amor e do vinho, e assim melhor encarna o enorme espectro da lírica horaciana.

A revolução política expressa nos *Epodos* permanece central nas *Odes*, na medida em que Horácio combina piedade para os que morreram lutando pela causa republicana com numerosas manifestações de gratidão a Augusto por ter encerrado as guerras civis e se esforçado para reverter o declínio da moralidade romana. Por certo, a ideia de seguir em frente a partir das guerras civis, e não repeti-las, é o motivo central, o *leitmotiv*, de todos os quatro livros. E, como na *Eneida* de Virgílio, assistimos a uma combinação de esperança e ansiedade: esperança de que o retorno às básicas reformas morais e religiosas de Augusto sejam bem-sucedidas, por um lado, e o medo de cair de volta na luta civil, por outro. Assim, repetidamente, Horácio enfatiza a degeneração da sociedade romana.

> A época dos pais, pior que a dos avós,
> gerou-nos mais vis: logo haveremos de dar
> uma progênie mais cheia de vícios.
> (3.6.46-48; trad. Heloísa Penna.)

A ruína parece inevitável – a menos que, está implicado, se considere os conselhos dados nas *Odes*. Em outros termos, Horácio (como Virgílio) não louva simplesmente Augusto e o seu regime, mas tenta guiá-lo também. Assim, as *Odes,* em sua surpreendente perícia poética e ambição temática, estão entre as mais impressionantes criações da literatura latina, e provaram ser dignas do orgulho de Horácio (na conclusão dos Livros 1-3):

> Mais perene que o bronze um monumento
> ergui, mais alto e régio que as pirâmides,
> nem o roer da chuva nem a fúria
> de Áquilo o tocarão, tampouco o tempo
> ou a série dos anos.
> (3.30. 1-5; trad. Haroldo de Campos.)

FIG. 3. *Cerâmica de figuras vermelhas em um vaso ateniense para refrigerar vinho, c. 480-470 a.E.C., mostrando Alceu e Safo, os dois famosos poetas líricos de Lesbos, declamando um para o outro.*

4

DRAMA

Abordaremos neste capítulo dois dos mais populares gêneros da antiga literatura, tragédia e comédia, e tentaremos explicar seus sucessos como formas de entretenimento de massa. Veremos como cada uma das maiores peças que sobreviveram, gregas e romanas, se engajavam com os valores de sua audiência, e encorajava essa audiência a relacionar o universo do palco à sua própria experiência. Assim, vamos começar com a tragédia, uma das formas literárias mais influentes que emergiram da antiga Grécia, cujo desenvolvimento está intimamente ligado à cultura popular de Atenas do século V a.E.C. As origens da tragédia são obscuras, mas várias são as especulações eruditas sobre o tópico; felizmente, entretanto, essa questão é um problema menor, pois mesmo se sua origem estivesse clara isso não nos diria nada acerca das próprias peças subsistentes. O máximo que podemos afirmar é que, sendo uma forma de drama que combina canto coral e dança com diálogo entre atores e coro, é provável que a tragédia (como a comédia) tenha se desenvolvido a partir da performance coral. Porém, por volta da época da mais antiga peça que remanesceu, *Os Persas*, de Ésquilo, produzida em 472 a.E.C., a tragédia já era um gênero dramático desenvolvido, e como uma forma de competição poética, em que poetas inovavam e experimentavam continuamente na esperança de ganhar o primeiro prêmio, ela cresceu para além de suas origens religiosas ou rituais (se é que elas existiram).

Observe que falei sobre "entretenimento de massa" e "cultura popular", isso porque a tragédia e a comédia não eram algo incomum, reservado a uma pequena elite socioeconômica, (como muito teatro na moderna sociedade Ocidental), mas eram apresentadas em festivais cívicos populares diante de grandes audiências, com quase seis mil espectadores na Atenas do século v a.E.C., provenientes de todos os setores da sociedade. (O teatro foi ampliado no fim do século iv a.E.C. para conter dezessete mil pessoas.) É possível que mulheres, crianças e escravos estivessem presentes, por exemplo, mas não em grande número – eles não eram qualificados pelo Estado para serem subsidiados com ingressos, de modo que dependiam de sua própria riqueza ou da vontade de seus familiares – e nem sentavam em lugares privilegiados à frente, reservados para os cidadãos atenienses masculinos e para pessoas ilustres, como dignitários de outras cidades-estado gregas. O principal local para o drama era o festival cívico anual em Atenas, conhecido como as Grandes Dionísias ou Dionísias Urbanas, que durava cinco dias e no qual três tragediógrafos competiam entre si, cada um apresentando quatro peças (usualmente, três tragédias e um drama satírico – esse último consistia de mito trágico na forma de farsa humorística, distinguindo-se por um coro de sátiros arruaceiros, meio-homens e meio-animais), e cinco comediógrafos, cada qual com uma comédia.

Tratava-se de um enorme festival patrocinado pelo Estado – embora ricos cidadãos privados também contribuíssem, pagando pelos ensaios e pelas roupas dos membros do coro – e as obras-primas que daí surgiram já eram um argumento para subsidiar as artes, se é que houve necessidade de um. Os antigos textos dramáticos que subsistiram são peças teatrais que perderam a música, a coreografia e a totalidade visual do espetáculo, o que precisaria ser reimaginado na leitura. Papéis femininos eram desempenhados por homens adultos (não por rapazes, como em Shakespeare) e isso, bem como a representação de múltiplos papéis, era facilitado pelo uso de máscaras, perucas e figurinos. Com amplos teatros ao ar livre, gestos e estilos de atuação deviam ser ao mesmo tempo audaciosos e expressivos, e não menos vistosos ou movimentados. A presença de um grande coro dentro da própria ação – quinze membros na tragédia, 24 na comédia – criava uma espécie de audiência interna, uma comunidade observadora que também estava apta a interagir com as figuras centrais do drama, e cujos pensamentos e reações não estavam menos integrados ao significado da peça. Não é de surpreender que todo esse coro cantante e dançante seja, junto com as divindades, uma das coisas mais difíceis de se fazer com qualidade nas modernas produções dos dramas gregos.

Um ponto fundamental para se ter em mente é que a tragédia grega é muito mais variada que as modernas ideias do "trágico" (pós-clássicas ou neoclássicas) podem nos fazer crer. Baseados numa leitura errônea da *Poética* de Aristóteles, eruditos neoclássicos e dramaturgos inventaram certas "regras" da tragédia, mas elas não são em geral utilizadas, pois não guardam nenhuma relação com as antigas peças que chegaram até nós. Da mesma forma enganosa é a tentativa, especialmente popular a partir dos românticos alemães do século XVIII, mas já em curso antes deles, de deduzir uma cosmovisão essencialmente trágica (em resumo – sem final feliz), que é, então, retroprojetada sobre o antigo gênero, de modo que aquelas peças que não chegam a arranhar essa cosmovisão passam a ser reclassificadas como "tragédia romântica", "tragédia escapista" – isto é, a tragédia, cuja dicção e clima não são suficientemente sombrias –, "tragicomédia" ou mesmo "melodrama". Embora a busca pelo "verdadeiro trágico" corra o risco de tornar muito estreita a concepção do gênero, dá uma resposta a algo que todas essas obras dramatúrgicas que sobreviveram têm em comum, ou seja, o sofrimento humano, que aparece até nas assim chamadas tragédias "com final feliz". Podemos encontrar um análogo parcial nas tragédias de Shakespeare, que incluem elementos humorísticos (embora poucos finais felizes), e vão contra as regras neoclássicas o que tornou todas elas mais profundas e emocionantes.

Na tragédia grega, há sempre sofrimento e os riscos são sempre altos. Os heróis que sofrem existem também no mito (como no culto religioso), e o mito é a matéria bruta da tragédia, já moldada por gerações de poetas épicos e líricos e agora transformada para uma nova audiência em um novo gênero. As vantagens do mito são inúmeras: o público, por exemplo, tem uma base partilhada para o entendimento – mesmo no caso em que não conheça a história, os pormenores importantes são sempre esclarecidos no princípio! – e os poetas podem dispor de sua imaginação e inventividade para manipular mais ou menos o bem conhecido material. A familiaridade do público com qualquer história apresentada – o mito de Édipo, digamos, que involuntariamente mata seu pai e dorme com sua mãe, gerando quatro filhos – não remove o suspense, mas efetivamente o gera na expectativa de como um poeta em particular irá operar o já conhecido e terrível final. O uso do mito também permite que haja uma certa (e variável) distância entre o aqui e o agora da audiência e o mundo legendário da peça, de tal modo que o angustiante assunto possa ser explorado (guerra, assassinato, luto, incesto, rapto, ciúme, vingança...) e as intensas emoções

80

despertadas ocorram em um espaço imaginário não tão próximo para que elas não se tornem traumáticas.

Um dos mais básicos padrões morais subjacentes na tragédia grega é "o aprendizado pelo sofrimento". Tal conceito de drama "didático", de peças que nos tornam melhores cidadãos, soa terrivelmente enfadonho para o nosso eu (pós-)moderno, mas era um princípio básico do pensamento antigo considerar que a arte, em todas as suas formas, deveria nos tornar melhores, ensinando-nos a verdade e coisas úteis. O aprendizado por meio da tragédia foi notoriamente rejeitado por Platão, cujo estado ideal censuraria a poesia para garantir a sua conformidade com o seu sistema moral e religioso. Platão via a tragédia, com sua representação vívida de heróis lamuriosos e propensos a desastres, como algo moral e psicologicamente degradante, mas seu ódio particular pelo gênero (ele falava com desprezo de "teatrocracia") está também ligado ao seu desdém pela própria democracia, na medida em que reconhecia na tragédia um gênero máximo da arte popular e com amplo apelo.

Por contraste, Aristóteles, o mais brilhante aluno de Platão, rejeitava a política e a estética reacionárias de seu mentor, e insistindo no fato de que os seres humanos aprendem pela *mimesis* (imitação ou ficção), reafirmou o valor da tragédia como uma forma de arte capaz de divulgar importantes conhecimentos. Aristóteles também observou que podemos chamar de "trágico paradoxo" o modo como temos prazer ao ver o sofrimento dos outros no palco: a *mimesis* nos proporciona a distância necessária para fazer tal contemplação tanto aprazível como benéfica. Essa questão, que tem preocupado teóricos da tragédia desde então, é colocada de modo notável em *As Bacantes*, de Eurípides, quando o dissimulado deus Dioniso pergunta a Penteu, enquanto o seduz para sua própria destruição, "você gostaria realmente de ver o que lhe causa dor?" (815)

Mas o prazer da tragédia também possui uma importante dimensão moral e metafísica, pois ela pergunta como devemos prestar contas do sofrimento humano e dar uma resposta que seja estimulante, mas não pessimista. Essencialmente, a tragédia está interessada em desastres que brotam de escolhas e ações humanas: o sofrimento na tragédia nunca é por mero acaso, como é muitas vezes na vida real, mas está inserido num quadro que apresenta um conjunto de regras morais e religiosas mais amplo que dá forma e sentido à catástrofe humana. Trata-se, portanto, de um gênero ao mesmo tempo consolador e terrível, ao percebermos como o universo é cruel, mas não sem sentido, e vermos no palco a ordem cósmica por trás do caos, da agonia e do luto. Cabe lembrar *le bon mot* (a boa palavra) de Samuel Johnson: "O único fim da escrita é habilitar o leitor a melhor desfrutar a vida ou melhor suportá-la."[1] Ao assistir a uma tragédia saímos com nossa compaixão ampliada e com a lembrança de que há outros que sofreram muito mais.

Na sua representação de um mundo heroico disfuncional, a tragédia explora a totalidade da gama de questões a partir do existencial (por que sofremos?) até temas do interesse atual de cada um (os benefícios e os riscos da democracia e do império atenienses). Assuntos centrais e recorrentes incluem a *hybris* – húbris – em todas as suas formas suculentas (i.e., pensamento e ação desmedidos, além das normas humanas); o escopo e limites do conhecimento e compreensão humanos, particularmente em contraste aos dos deuses; as causas e consequências das guerras, prosseguindo na visão homérica da guerra como algo que é ao mesmo tempo cruel e glorioso; as qualidades que faz um bom líder ou uma bem-sucedida constituição com um pronunciado viés democrático contra monarcas, tiranos e oligarcas; o *status* e os papéis do homem e da mulher e como gerir a sexualidade humana; a etnicidade e o nacionalismo na relação entre gregos e bárbaros, e entre

---

1. Samuel Johnson (1709-1784) foi um importante pensador inglês, além de escritor, poeta e crítico literário. (N. da T.)

os atenienses e outros gregos; e, talvez mais frequentemente que tudo, o desejo de vingança e suas consequências em geral autodestrutivas. Vamos examinar dois desses temas (conhecimento e gênero) com mais pormenor.

Desde que Aristóteles elogiou *Édipo Rei* de Sófocles pela sua excelente construção do enredo e do irresistível impacto emocional, a peça recebeu o *status* de tragédia arquetípica. Um antigo crítico, por exemplo, resume a produção do colega de Sófocles, Íon, dizendo, "Por certo, ninguém em sã consciência poderia, reunindo todos os trabalhos de Íon, considerá-los equivalentes a uma única peça, *Édipo.*" (Longino; *Sobre o Sublime* 33.5). E, nos tempos modernos, a peça recebeu uma interpretação famosa de Sigmund Freud como a história de uma fantasia masculina universal – embora, deve ser dito, uma vez que Édipo ignorava de fato a verdadeira identidade do seu pai e da sua mãe, ele próprio, na realidade, não pudesse ter tido o assim chamado "complexo de Édipo". No entanto, o poder da peça de chocar e perturbar permanece intacto, à medida que vemos Édipo descobrir gradualmente haver quebrado dois dos mais fundamentais tabus da sociedade humana (parricídio e incesto) e que as coisas que marcam seu sucesso na vida – seus papéis como rei, marido e pai – são, na realidade, grotescas ilusões que irão destruí-lo. A ruína de Édipo é tão horripilante não apenas pela natureza de suas descobertas, mas também por nos forçar a reconhecer que nós também podemos agir facilmente na ignorância e cometer, sem intenção, grandes erros. Édipo é punido por atos não intencionais e, por essa razão, a peça encena a dura e inescapável verdade de que, para citar um eminente filósofo moderno (Bernard Williams, *Shame and Necessity*), "na história de vida de uma pessoa há uma autoridade exercida por aquilo que ela fez, e não simplesmente por aquilo que ela fez de modo intencional".

Todos os três autores trágicos exploram os papéis de gênero de seu tempo, reciprocamente definidos, não perguntando apenas o que é ser um bom homem (como marido, pai, filho, cidadão, soldado etc.), mas insistindo, também, no respeito devido à mulher, em especial às esposas e às mães – ainda que dentro dos limites de uma sociedade fundamentalmente patriarcal. Nenhuma peça representa as desastrosas consequências dos maus-tratos do homem para com sua esposa de forma tão poderosa como a *Medeia*, de Eurípides, em que Jasão abandona Medeia e seus dois filhos por uma união mais vantajosa com uma princesa grega, levando Medeia, ao punir a deslealdade de Jasão, a matar os seus dois filhos. Na sua fala de abertura, Medeia delineia as injustiças da sina das mulheres: condena os maridos por serem senhores dos corpos de suas esposas, pontua o duplo padrão sexual que permite ao homem, mas não à mulher, ir em busca de casos extramaritais, e encerra numa ressoante declaração: "Eu preferiria antes aguentar por três vezes com um escudo numa guerra do que parir uma vez!" (*Medeia* 250-251). Pode-se perceber por que o discurso de Medeia era lido em alta voz em comícios sufragistas nos inícios do século xx, mesmo que a peça como um todo, no seu contexto cultural original, esteja longe de ser um trabalho feminista ou um argumento pela igualdade no sentido moderno. A despeito disso, ela dramatiza o desastre decorrente quando o estatuto e a autoridade da mulher são desrespeitados e censura severamente Jasão na sua falha como esposo e pai. Como quase sempre na tragédia grega, o homem erra primeiro, e ele colhe as consequências por violar o direito das mulheres. A (provável) audiência mista de homens e mulheres vê um mundo dramático no qual o colapso social é bilateral, e conduz a julgar a importância, para ambos os sexos, de respeitar os direitos um do outro. Assim, a perspectiva feminina é claramente entrevista na tragédia grega, talvez mais vigorosamente do que em qualquer outra parte na literatura clássica, independentemente do fato de os autores da peça serem homens.

Tal qual ocorreu com a tragédia, as primeiras etapas da comédia como gênero literário são obscuras. Deve ter se desenvolvido a partir de entretenimentos populares envolvendo obscenidades e invectivas (similar à poesia jâmbica, discutida no capítulo 3) às margens dos festivais, mas no tempo de nossa mais antiga peça subsistente, *Os Acarnenses*, de Aristófanes, produzida em 425 a.E.C. já era um gênero dramático plenamente desenvolvido, formado (como a tragédia) da mistura de fala, canto e dança. Eruditos helenísticos tentaram pôr ordem no desenvolvimento do gênero, dividindo-o em três fases: Comédia Antiga, Média e Nova. Infelizmente, pouco podemos falar sobre a Comédia Média porquanto não há nenhum exemplo, mas as enormes diferenças entre a Comédia Antiga (política, obscena, fantástica) e a Comédia Nova (doméstica, contida, realista) são claras, e conseguimos vislumbrar a transição entre elas nas duas últimas peças de Aristófanes que sobreviveram, *Assembleia de Mulheres* e *Pluto,* escritas nos primórdios do século IV a.E.C., que possuem menos obscenidades, ridicularizarão de pessoas e sátira política do que antes – e também uma diminuição do papel do coro, que havia desaparecido inteiramente como personagem no drama ao tempo da Comédia Nova no fim do século IV.

Assim como a tragédia tem os seus três maiores autores (Ésquilo, Sófocles e Eurípides), o mesmo ocorre com a Comédia Antiga: Cratino, Êupolis e Aristófanes. Embora apenas peças completas de Aristófanes tenham sobrevivido, onze no total (um quarto de sua produção), possuímos suficientes fragmentos de trabalhos dos outros para ver que há muito em comum quanto ao assunto e ao estilo. A Comédia Antiga diferia de seu irmão dramático, a tragédia, de inúmeras maneiras – por exemplo, máscaras grotescas em vez de solenes (ver figura 4); vestimentas humoristicamente acolchoadas na barriga e no traseiro, completadas com um falo pendurado de couro (para todos os papéis masculinos); linguagem coloquial e obscena, metateatro explícito, tais como referências à maquinaria de cena; apartes para o público (ainda uma feição popular das peças cômicas) – mas, para todas essas diferenças, a comédia

FIG. 4: *Mosaico romano com duas máscaras, trágica e cômica, numa parede da Vila de Adriano (imperador romano e amante das artes) em Tibur, hoje Tivoli. A Vila, um dos maiores complexos palacianos jamais construídos, foi iniciada por volta de 118 E.C. e fica a poucos quilômetros de Roma.*

era, como a tragédia, um gênero que refletia a sociedade contemporânea de Atenas, embora, na maior parte das vezes, em forma de crítica e ridicularização.

A comédia era usualmente apresentada no aqui e agora do público (em vez de no distante mundo do mito), porém os enredos são cheios de fantasia, como jornadas ao Cuconuvolândia (a recém-estabelecida cidade das aves em *As Aves*) ou ao Submundo (como em *As Rãs*). Essas denominações provêm dos coros de pássaros e rãs (como ocorre também em *As Vespas* de Aristófanes), e o frequente uso de animais na Comédia Antiga, servindo de modelos do comportamento humano ou de seus fracassos, era outra característica que tinha em comum com a poesia jâmbica.

O "herói" cômico não é aquela figura do mito heroico, (um Aquiles ou um Odisseu), mas um ateniense comum, que está descontente com alguns aspectos da sociedade, e, por isso, trama um plano engenhoso para realizar seu sonho (a peça *As Rãs* é uma exceção parcial, pois o "herói" é o deus Dioniso, que desce ao Submundo em busca de um poeta trágico para salvar a cidade, mas o deus é tratado o tempo todo de modo irreverente): assim, em *Os Acarnenses*, por exemplo, Diceópolis providencia um tratado de paz particular com Esparta, a arqui-inimiga de Atenas; em *As Aves*, dois atenienses, exasperados com Atenas e seus intermináveis processos judiciais, persuadem os pássaros a construir uma nova cidade no céu, que é um enorme sucesso; em *Lisístrata*, a heroína ateniense epônima convence mulheres de várias cidades-estado em guerra para se juntarem numa greve sexual, e os homens desesperados são forçados a fazerem a paz.

O riso e a comédia podem ser sérios, sem dúvida, e o que faz uma audiência rir é a revelação de suas preocupações e ansiedades. Não é de surpreender que em uma sociedade democrática em guerra – a maior parte da carreira teatral de Aristófanes ocorreu durante a guerra do Peloponeso (431-404 a.E.C.) – há muita sátira dirigida aos políticos e generais no comando, mas a própria democracia nunca é questionada, e o desejo natural pela paz não significa paz a qualquer custo. As comédias também apresentam estereótipos sexuais, como quando a inteligente e nobre Lisístrata é contrastada com mulheres obcecadas por mentiras sexuais e bebidas, cujo apoio ela precisa conquistar, a fim de realizar seus planos. De novo, como na tragédia, esses textos cômicos não constituem documentos de emancipação, e a encenação termina com a mulher voltando à sua esfera "natural", o lar; a despeito disso, eles são certeiros ao mostrar quão estúpida e incompetente pode ser a liderança masculina vigente.

A tentativa de descrever o humor corre o risco do absurdo. Mas podemos pelo menos apontar algumas técnicas e fontes típicas usadas por Aristófanes para gerar suas piadas. Em primeiro lugar, devemos salientar a enorme variedade de recursos cômicos oferecidos – se você aprecia piadas escatológicas (relativas a excrementos e necessidades fisiológicas), palhaçadas e pegadinhas, ou se seu gosto se encaminha mais para a paródia literária sofisticada ou à sátira política, há sempre alguma coisa em Aristófanes para todos os gostos – e a comédia espelha a tragédia no seu amplo apelo popular, como seria de esperar, uma vez que a tragédia e a comédia estão nos mesmos festivais e ambas tencionam ganhar o primeiro prêmio em suas respectivas competições. O perene tropo cômico "A vida não é uma porcaria hoje em dia? Era melhor quando eu era mais jovem..." frequentemente se desenrola, à medida que se investe contra a mudança cultural em todas as suas formas – novos estilos de música, poesia, ciência, filosofia, e assim por diante –, e o distanciamento entre as gerações, em geral representado pela mútua incompreensão entre pai e filho, constitui uma fonte regular de risos.

Assim como Aristófanes domina a nossa visão sobre a Comédia Antiga, do mesmo modo o nosso entendimento acerca da Comédia Nova é moldado pelos trabalhos que sobreviveram de Menandro, um escritor ateniense cuja carreira atravessa um período que vai do fim do século IV até os inícios do século III a.E.C. Embora tenha produzido mais de cem peças, elas não foram abarcadas pela tradição manuscrita medieval, e até recentemente seu trabalho era conhecido apenas pelas citações de outros autores antigos e por sua influência sobre Plauto e Terêncio, dramaturgos cômicos romanos (a quem retornaremos). Mas, de 1890 em diante (que vale dizer "recentemente", se você se considera classicista) tem havido um constante fluxo de publicação de novos papiros que tem transformado nossa visão das produções de Menandro, e hoje possuímos uma peça, *O Díscolo* (*Dyscolos*), virtualmente completa, e significativos fragmentos de muitas outras. Como notamos acima, a Comédia Nova difere da Antiga por ser mais naturalista no estilo, e é possível senti-la mais domesticada; não há invectivas ou sátiras políticas, por exemplo, e o exuberante falo de couro desapareceu. Um antigo crítico de Menandro resumiu seu hábil realismo com a pergunta, "[Entre] Menandro e a vida: o que imita o quê?" Enquanto podemos sentir falta do obsceno e do surrealismo de Aristófanes, as comédias de Menandro têm um humor mais delicado, mais irônico porém não menos revelador da sociedade da antiga Grécia.

Vários fatores levaram a Comédia Nova a se afastar da política ateniense nas suas cenas domésticas. O mais importante a considerar era o fato de Atenas estar então sob o domínio macedônio que se seguiu às conquistas de

Filipe e Alexandre, o Grande, de modo que não havia democracia, nem liberdade de expressão, e poderia ser arriscado comentários diretos sobre política. Mas, colocando isso de modo mais positivo, uma forma de arte focada nas tensões e problemas típicos da vida cotidiana – especialmente família e relacionamentos românticos – com certeza encontraria uma audiência receptiva, uma vez que todos nós somos parte de uma família e (para citar um milhão de canções piegas) só queremos ser amados. Ademais, muitas pessoas, como ainda hoje, acham, sem dúvida, a política insípida: os romances de Jane Austen, por exemplo, dizem-nos mais sobre amor e vida familiar do que sobre os luditas[2], ou reformas locais governamentais de seu tempo, mas ela é ainda a mais amplamente lida entre as escritoras inglesas clássicas. Assim, com o foco voltado para temas de amor e de família, a Comédia Nova tornou-se a precursora da moderna comédia doméstica e romântica em todas as suas formas, e lhe deu ressonância universal que ainda atrai interesse em nossos dias.

No tempo de Menandro (como no de Jane Austen), o amor entre um homem jovem e uma moça não era exatamente um problema deles, mas algo que envolvia toda família, em especial a conexão entre os dois pais. Assim o tema da peça incidia sobre tensões e obstáculos das relações, com foco teatral em situações angustiantes e revelações de última hora, como o rapto de filhas, suspeitas de infidelidade ou filhos ilegítimos, e bebês enjeitados. É ainda extraordinário que esses dramas estivessem cheios de estupros, a última coisa que poderíamos esperar encontrar em uma comédia: mas já que isso ameaça a vida da mulher, sua honra e a de sua família, e a legitimidade do filho potencial e sua herança, a ocorrência do estupro como um artifício para a trama no antigo drama doméstico é compreensível, e seu uso pode ser crítico, como no caso em que Carísio, personagem de

---

2. Grupo de trabalhadores ingleses do século XIX que protestou contra os avanços tecnológicos que provocariam a perda de seus empregos. (N. da T.)

Menandro em *Os Árbitros*, culpa de forma chocante sua esposa Pânfila, por ser vítima de estupro, mas não fica incomodado consigo mesmo por ter cometido a mesma ofensa no passado – e como uma comédia deve terminar com um "final feliz", Carísio é revelado como sendo o pai da criança, pois fizera sexo com Pânfila em um festival antes do casamento, e ao término é levado a se arrepender de seu duplo padrão moral e de sua falta de compaixão ante sua esposa. Aqui, como quase sempre em Menandro, na resolução final das complicações do enredo subjaz a importância da tolerância e da simpatia nas relações humanas.

Comparado ao teatro grego, o drama romano apresenta até um espectro mais amplo de gêneros, tanto sérios como humorísticos: tragédia; drama histórico romano; comédia baseada em duas formas diferentes, uma na Comédia Nova grega e a outra na tradição italiana nativa; farsa, com a apresentação de personagens comuns (palhaço, fanfarrão, glutão, corcunda, o causador de intrigas etc.) que encenavam esquetes cheios de bobagens e obscenidades, e paródias da tragédia e do mito; acrescente-se dois gêneros adaptados dos gregos, que se tornaram muito populares durante o império: a pantomima, uma forma mais parecida com o nosso balé do que com o atual entretenimento de mesmo nome, no qual um dançarino, solo, mascarado executava cenas (em geral trágicas) do mito, com o acompanhamento de músicos e coro (*pantomimus* significa "aquele que pode imitar tudo"); e, finalmente, o mimo, que, de novo, é muito diferente da sua forma atual, uma vez que no mimo romano os atores e (chocantemente) as atrizes, sem máscaras, representavam esquetes falados, fossem lascivos, tópicos ou parodiando formas literárias sérias como as elegias amorosas – elementos típicos inclusos, como a trama entre "o marido, a esposa, sua amante, e a serva", o Santo Graal da farsa moderna.

Infelizmente, como no teatro grego, muito pouco desse trabalho restou e nossa visão do drama romano é demasiado fragmentária e desigual, pois não possuímos comédias completas romanas que se seguiram a Plauto e Terêncio entre 205 e 160 a.E.C. e nenhuma tragédia completa anterior a Sêneca entre os anos de 40 a 60 E.C. As comédias de Plauto e Terêncio são obras fascinantes, pois, além de serem os exemplos mais antigos e completos que temos da literatura latina, nos possibilitam, também, entender com algum pormenor, pela primeira vez, a transformação romana de um gênero grego.(Como vimos no capítulo 2, sobreviveram apenas fragmentos da épica romana tardia.) Muito embora baseadas em originais gregos, elas são adaptações extremamente criativas e, enquanto Plauto e Terêncio podiam ter reutilizado cenários, enredos e personagens da Comédia Nova, elas foram não simplesmente traduzidas, mas reescritas, e lhes deram um jeito próprio para atrair as novas audiências ítalo-romanas: Plauto orgulhosamente graceja no prólogo de *Asinária*, "Demófilo [um desconhecido dramaturgo grego] escreveu essa peça, Mácio [Plauto] tornou-a bárbara [i.e. romana]". De qualquer modo, muitos dentre o público não conheceriam os originais gregos e as comédias romanas deveriam ser bem-sucedidas ou não pelos seus próprios méritos. Nos festivais onde eram encenadas, as performances deveriam também concorrer pela atenção da audiência com outras atrações populares, como os acrobatas e equilibristas, os espetáculos de luta livre e de gladiadores. Sabemos, a partir de prólogo de peças, que as audiências, elas mesmas, eram compostas de todas as classes sociais e grupos etários, tanto mulheres quanto homens, e que poderiam ser barulhentas a ponto de parar uma representação se o entretenimento não fosse suficiente bom.

Plauto escreveu cerca de 130 comédias, vinte das quais sobreviveram. De início, o que espanta é o quanto elas são diferentes do estilo naturalista de Menandro e Terêncio. Com enredos frouxamente construídos, linguagem colorida, trocadilhos, uso extensivo de canções, e o frequente jogo com as convenções teatrais, Plauto é um reminiscente da Comédia Antiga grega, e, como em Aristófanes, o humor vai desde o pastelão e a comédia física até a paródia literária. A figura do "escravo astuto", já presente em Aristófanes, é desenvolvida muito mais em Plauto, que a utiliza na maioria das peças. Caracteristicamente, o jovem moço não sabe como conseguir a sua garota, mas seu escravo engenhoso faz uma confusão com tudo que está no seu caminho – amantes rivais, traficantes de escravos, proxenetas e austeros pais idosos – e tudo está bem quando acaba bem. O público romano podia aproveitar o *frisson* desse mundo de cabeça para baixo, onde escravos enganavam seus superiores, mas a fantasia sempre termina com a "normalidade", incluindo o poder dinâmico da escravidão, restaurada. Sempre a ordem moral e social retorna, e personagens más ou pouco simpáticas são frustradas.

Não é usual para um escritor da Antiguidade como Terêncio, que toda sua obra, seis comédias no todo, tenha subsistido. Nesse caso, o fator mais importante para que isso ocorresse foi o uso de suas peças como textos escolares na Antiguidade e mesmo depois dela, uma vez que seu latim natural e elegante e sua comedida moralização eram considerados justamente o material certo a ser oferecido aos jovens – por contraste, a linguagem de Plauto é mais difícil e sua comédia muito mais lasciva, e mais similar à farsa e ao mimo. (O latim exemplar de Terêncio é ainda mais surpreendente, pois, segundo fontes antigas, ele chegou originalmente a Roma como escravo proveniente de Cartago, no Norte da África.) Quatro das seis peças de Terêncio são baseadas em Menandro, e foi publicamente desconsiderado por Júlio César como sendo "meio Menandro", de modo bastante injusto, pois ele não só adaptou seus originais gregos para agradar ao gosto e ao interesse romanos, como também, com habilidade, combinou material de mais de um original grego para uma única peça. Embora menos sexual, turbulento e musical do que as peças de Plauto, os escritos de Terêncio tinham seus próprios apelos cômicos, e ele, polemicamente, apresentava seu mais refinado estilo como uma vantagem, bajulando seu público, ao sugerir que um tal grupo, tão culto, preferiria, é natural, suas peças aos pastelões vulgares produzidos por seus rivais.

Como a Comédia Nova grega, a comédia romana evita em grande medida fazer comentários diretos sobre a política contemporânea (e muito menos se põe a fazer ataques a políticos específicos, como ocorria na Comédia Antiga), mas mesmo assim reflete e se engaja com questões básicas que afetam a sociedade romana. Como vimos no capítulo 1, o fim do século III e o início do século II a.E.C., constituíram um período crucial e notável da história romana, quando as vitórias de Roma a tornaram uma superpotência do Mediterrâneo, e as mudanças (boas e más) forjadas pela guerra e pelo império são exploradas nas peças. Em *Os Cativos* de Plauto, por exemplo, as personagens principais são os prisioneiros de guerra, que finalmente ganham a sua liberdade, tal qual ocorreu em 194 a.E.C. com 1200 romanos, quando o general Flamínio os livrou da escravidão na Grécia, e tal qual não ocorreu em 216 a.E.C. com soldados romanos que não a obtiveram após a Batalha de Canas, durante a segunda guerra Púnica, quando o senado romano se recusou a pagar para Aníbal o resgate exigido. A expansão romana também moldou o desenvolvimento de sua própria identidade cultural e étnica, e em peças como *O Pequeno Cartaginês* (ou *Poênulo*), por exemplo, vemos o estereótipo do ambíguo cartaginense em oposição ao romano honesto e direto, usado como efeito cômico. No entanto como em Menandro, o foco da comédia romana não está apenas nos perenes problemas da vida cotidiana – especialmente casamento, fidelidade, educação das crianças e dinheiro (na peça de Plauto, *Aululária*, para exemplificar, o velho senhor Euclião está tão obcecado pelo tesouro que foi descoberto enterrado em sua casa que não nota o fato de sua filha ter sido violentada e estar às vésperas de dar à luz) – mas também nas resoluções de última hora dessas crises, que se encontram no âmago dessa enorme influência na subsequente tradição do drama cômico ocidental.

Como observado anteriormente, a nossa visão da tragédia romana não é menos parcial do que a que temos da comédia e, embora tenha havido uma tradição continuada da tragédia romana desde os meados do século III a.E.C., a maior parte dela está perdida. Sobreviveram apenas dez tragédias, todas elas da última fase de seu desenvolvimento em Roma, e todas atribuídas a Sêneca, embora uma delas, *Hércules no Monte Eta*, provavelmente não seja de sua autoria, e uma outra, *Otávia,* nosso único exemplo existente de um drama histórico de Roma, abordando o assassinato da primeira esposa de Nero a mando deste, certamente não é da autoria de Sêneca (que aparece como personagem), pois se refere a eventos posteriores à sua morte, inclusive o suicídio de Nero. Apesar de muitos estudiosos crerem que as oito tragédias genuínas de Sêneca foram escritas para serem lidas ou recitadas, em vez de encenadas no palco, do que não podemos ter certeza, em todo caso, o que importa é o conteúdo e os temas das peças, que são altamente reveladores do contexto político e cultural nos anos entre 40 e 60 E.C. sob os imperadores Cláudio e Nero.

Sêneca foi banido em 41 por Cláudio sob a alegação de cometer adultério com a irmã do imperador anterior, Calígula, mas ele foi chamado de volta em 49 por Agripina, quarta esposa de Cláudio, para ser tutor de seu filho de doze anos, Nero. Quando Nero tornou-se imperador em 54, Sêneca tornou-se um dos seus mais próximos conselheiros e adquiriu enorme poder e riqueza, assegurando tanto para seus amigos como para sua família bons empregos. Implicado em conspiração malsucedida para substituir Nero, Sêneca foi forçado a cometer suicídio em 65. Assim, grande parte da vida criativa de Sêneca foi gasta no coração do poder e da influência imperial, e embora seja fácil desprezá-lo devido a sua hipocrisia – como um multimilionário, por exemplo, que filosofou sobre a falta de importância da riqueza, uma postura que já motiva qualquer contemporâneo a se perguntar "Que espécie de sabedoria ou de máximas de filosofia lhe permitiram, em quatro anos de favor real, acumular uma fortuna de trezentos milhões de sestércios?" (Tácito, *Anais* 13.42) – ele era, sem dúvida, um agudo observador das fragilidades humanas.

Como na tragédia grega, Sêneca se utiliza do mundo monárquico do mito grego para refletir sobre as preocupações de seus dias, não menores que o precário mundo político criado por um regime autocrático. Mais uma vez vemos como "o poder absoluto corrompe de modo absoluto", e embora não haja referência explícita à política que lhe era contemporânea ou crítica à autocracia romana – o que seria procurar encrenca na Roma imperial, e escritores já haviam sido mortos por críticas sob Tibério –, a difundida atmosfera ameaçadora e o perverso egoísmo que cercavam os poderosos protagonistas de Sêneca ressoaram nos leitores e nas audiências de seu tempo. Deixando a política de lado, as tragédias de Sêneca respondem muito mais à sua época em outros aspectos: na violência macabra e na retórica barroca, por exemplo – todas as suas personagens "parecem falar sempre com a mesma voz e de cima", para citar o semiexagero cáustico de T.S. Eliot –, ou na sua descrição do caos e do sofrimento, influenciada pelos estoicos, que sobrevêm quando as paixões humanas não são contidas. No fim, há uma impressionante percepção metateatral de fazer parte de uma longa tradição trágica, como quando Medeia declara, ao se encorajar a se vingar de Jasão assassinando os seus filhos, "Agora eu sou Medeia" (*Medeia* 910), ou quando Édipo, tendo descoberto os seus crimes e cegado a si tomado de vergonha, diz "Essa face [cega] é adequada a um Édipo" (*Édipo* 1003). As tragédias de Sêneca exerceram uma enorme influência no drama inglês dos períodos elisabetano e jacobiano (especialmente em Christopher Marlowe, Shakespeare, Ben Jonson e muitos escritores de tragédias de vingança), e seu foco na violência e no grotesco serão familiares aos públicos de muitos dramas modernos, especialmente na sua forma cinematográfica.

Em conclusão, o teatro era uma parte importante da vida comunitária no mundo antigo: nas menores cidades, e em todo canto do mundo clássico, grego ou romano, colonizadores construíram teatros como elementos básicos de sua cultura. E nenhum gênero antigo é tão vital em nossos tempos como a tragédia grega, que é representada em todo mundo, e ainda é válida como uma maneira de confrontar temas contemporâneos sobre a guerra, o imperialismo, a etnicidade, a sexualidade e muito mais.

5

HISTORIOGRAFIA

Neste capítulo veremos como os gregos e romanos conceberam e descreveram o seu passado. Também, sendo a investigação do passado sempre moldada pelo presente, o trabalho do historiador nos conta muito tanto sobre seu próprio período como sobre qualquer outro. Levaremos em conta a influência de outros gêneros (a épica, a tragédia e a oratória, por exemplo) na escrita da história, e até que ponto os antigos escritores se engajaram no que reconheceríamos como pesquisa histórica em vez de simplesmente reformularem as versões do passado dos primeiros escritores. Examinaremos também como historiadores, pessoalmente, defenderam sua reivindicação pela verdade, e como o processo da descoberta histórica poderia visar a explicação de muitas coisas diferentes – Políbio, sobre a ascensão da Roma republicana, por exemplo, ou Salústio e Tácito sobre sua dissolução. A despeito de suas limitações em atender os modernos padrões de acuidade histórica ou imparcialidade, este capítulo ilustrará as grandes realizações dos antigos historiadores, muitos dos quais foram bem-sucedidos em recolher material peculiar e lhe dar forma em uma narrativa coerente de eventos complexos.

Historiografia, a escrita da "história", definida como uma investigação científica (i.e. baseada em evidência) do passado, na Grécia foi desenvolvida no século v a.E.C. Mas, como vimos nos capítulos precedentes, podemos (com cuidado) usar a literatura pré-histórica, a épica ou a lírica, como um guia da primitiva história grega. Para os próprios gregos, as épicas homéricas eram os supremos exemplos de escrita histórica pois narravam as heroicas origens de suas sociedades e até mesmo historiadores pioneiros como Heródoto e Tucídides, que assumiram uma atitude mais cética em relação aos primeiros (mitológicos) relatos do passado, em especial os contados por poetas, consideravam Homero uma fonte válida de informação sobre a cultura grega antiga. Historiadores, tanto gregos como romanos, tiveram de se haver com a épica, até porque lidavam com material muito similar: grandes guerras e atos corajosos, decisões desastrosas e erros, sobrevivência e recomeço. Por certo, desde o início a história baseia-se em amplo espectro de outros gêneros, da poesia em todas as suas formas até a filosofia e a ciência, incluindo a geografia e a etnografia.

Começamos a ver nos primeiros historiadores a ideia de que a era mítica era diferente da era histórica e de que o historiador deveria focar nessa última, pois apenas aí poderia checar a evidência. Não havia uma clara dicotomia entre mito e história, entretanto, uma vez que o povo ainda mantinha seriamente suas ligações ao passado mítico, por exemplo, ao se gabar de que sua cidade fora fundada por um herói mítico ou quando famílias aristocráticas alegavam ser elas próprias descendentes dos heróis. Apesar disso, os primeiros historiadores se definiam contra o mito, a ponto de Heródoto enfatizar seu foco no tempo histórico, enquanto Tucídides apresenta Heródoto e seus predecessores como não sendo suficientemente céticos em relação aos relatos míticos ou poéticos do passado, impulsionando desse modo sua própria reivindicação para a acuidade e objetividade.

O mais antigo historiador cujos textos subsistiram, Heródoto, era herdeiro e parte da revolução racional que teve suas origens nas cidades gregas do século VI a.E.C. na Jônia (na costa oeste da moderna Turquia), onde pensadores começaram a investigar o mundo natural de um modo científico e a expor as tradições estabelecidas, inclusive relatos herdados do passado, a uma investigação cética. Esse engajamento crítico com o passado é evidente no prólogo polêmico das *Genealogias* de Hecateu: "Hecateu de Mileto assim falou: eu escrevi estas coisas como para mim parecem verdadeiras. Mas os contos dos gregos são, na minha opinião, numerosos e ridículos." (Fr. 1.)

Heródoto foi muitas vezes criticado por sua credulidade, mas via com clareza que a sua tarefa era encontrar as melhores fontes que pudesse para avaliá-las e não simplesmente crer nelas: "Sou obrigado a relatar o que me foi dito, mas, com certeza, não sou obrigado a acreditar nisso, e permita que essa colocação se aplique ao meu relato inteiro." (7.152) Heródoto denomina o seu trabalho de *historiē*, que significa "inquirição" ou "pesquisa", um termo que sublinha seu papel pessoal como investigador: portanto, essa é a ênfase de todo seu trabalho durante as suas viagens (ele fala de investigações por toda a Grécia, sem dúvida, mas também pelo Egito, sul da Rússia, Líbano, e mesmo pela Babilônia no Eufrates), falando com peritos locais (por intermédio de intérpretes, quando necessário) e vendo as coisas por si mesmo (autópsia).

Alguns críticos, antigos e modernos, influenciados por Tucídides, viam na disposição de Heródoto em recontar o maravilhoso e o fantástico como algo comprometedor de sua alegação de ser um historiador propriamente dito, mas a divisão entre historiador científico de um lado, e um contador crédulo (ou até mentiroso) de outro, é muito grosseira. Faremos melhor em reconhecer que a combinação de diligente pesquisa empírica e análise racional de Heródoto é uma incrível realização, especialmente considerando os recursos então disponíveis ao promissor historiador e os riscos das viagens. Ele merece seu título de "pai da história".

O escopo e o objetivo das *Histórias* de Heródoto ficam claros no programático parágrafo de abertura:

Esta é apresentação das investigações [*historiē*] de Heródoto de Halicarnasso, para que os feitos dos homens se não desvaneçam com o tempo, nem fiquem sem renome as grandes e maravilhosas empresas, realizadas quer pelos gregos quer pelos bárbaros; e sobretudo a razão por que entraram em guerra uns com os outros. (1.1.; trad. José Ribeiro Ferreira e Maria de Fátima Silva, com modificações.)

A palavra "apresentação" nos lembra que Heródoto, como um poeta, recitava seus escritos para audiências gregas (podemos modernizar e dizer "Este trabalho publica …"). Seu tema central será a guerra entre gregos e bárbaros (o que denominamos de Guerras Pérsicas, 490-479 a.E.C.), mas ele logo reconhece as grandes aquisições de ambos os lados, e a importância de preservar a memória (outro tema épico). Livros 1-5 traçam a expansão do império Persa, culminando em duas invasões persas à Grécia, a primeira pelo rei Dario (Livro 6), derrotado em Maratona em 490 a.E.C., e a segunda, muito maior, comandada pelo seu filho e sucessor, Xerxes, em 480-479 a.E.C. (Livros 7-9), com suas famosas batalhas de Termópila e Plateia, em terra firme, e Salamina, no mar.

Em suas *Histórias*, Heródoto usa certos padrões básicos de explicação, o que não só dá unidade à sua extensa narrativa, mas também anuncia a aplicabilidade universal e o valor de seu trabalho. Talvez o mais fundamental seja o princípio da alternância, isto é, a ideia de que "a prosperidade humana nunca permanece em um único lugar" (1.5), que Heródoto explicou primeiro ao notar que cidades que antes eram pequenas agora são grandes, e aquelas que foram grandes uma vez, agora são pequenas (1.5). O segundo princípio constitui o inevitável castigo da *hybris*, mais contundentemente ilustrado nos excessos e nos erros de numerosos tiranos gregos e reis bárbaros, desde o rei Creso da Lídia no Livro 1, cuja louca ambição o levou a desprezar a ambiguidade da réplica do oráculo de Delfos – "se ele conduzir um exército contra os persas, ele destruirá um grande império" (1.53 – isto é, o seu próprio) – até um furioso Xerxes chicoteando, acorrentando e marcando as águas do Helesponto, quando sua ponte foi varrida pelo vendaval (7.35). Finalmente, na ascensão e queda de vários governadores e povos, Heródoto vê um padrão básico de reciprocidade, que é, "bom para o bom" e "mau para o mau", um sistema que não só impulsiona a mudança (como agentes reagem uns com os outros positiva ou negativamente) mas também, por ser apoiado pelos deuses, cria um senso de ordem cósmica.

Ao viajar pelo Mediterrâneo e além, Heródoto encontrou enorme variedade de sociedades, com todo tipo de costumes e leis (o termo grego *nomoi* cobre ambas as acepções), e ele observa com grande acuidade que cada pessoa acha que a sua própria cultura é a melhor (3.38). A percepção de Heródoto sobre a pluralidade dos *nomoi* faz com seja cauteloso no desrespeito às leis e aos costumes de outros povos, mas não o torna um relativista cultural no sentido moderno da expressão de se abster de julgamento, uma vez que ele também pensa serem alguns modos de vida superiores a outros. Isso emerge mais fortemente de sua análise de como as cidades-Estado gregas, aliadas, conseguiram derrotar o poder militar do Império Persa. Pois os costumes não só sustentam uma vida civilizada, mas determinam um potencial de uma cultura, e Heródoto vislumbra na superioridade da liberdade grega sobre a autocracia persa a razão fundamental pela notável vitória grega (ver figura 5).

FIG. 5: *O interior de uma taça ateniense de cerâmica de figuras vermelhas, do pintor Triptôlemo (c.480 a.E.C.), apresenta um hoplita grego derrotando um guerreiro persa. Observe as vestes exóticas do persa (inclusive as calças listradas), que teriam parecido decadentes e bizarras ao cidadão da Grécia antiga.*

Isso não quer dizer que Heródoto aviltava os bárbaros – pelo contrário, ele tinha padrões de tolerância e de mente aberta inusuais para o século V grego, e apresentava o conflito oeste/leste não como uma dicotomia do bom *versus* o mau, mas como um espectro de valores culturais indo da autocracia, numa extremidade, até a liberdade de expressão e ação e a igualdade perante a lei, na outra. Assim, pode haver bons governadores estrangeiros e gregos terríveis (tiranos), mas sua análise subjacente das Guerras Pérsicas é a de que a luta dos gregos para manter a liberdade triunfou sobre os esforços persas para impor um regime autocrático (lei de um só homem). A certa altura, Heródoto tem os persas debatendo os relativos méritos da monarquia, da oligarquia e da democracia (3.80-3) e os mostra *escolhendo* a forma autocrática, com desastrosos resultados, à medida que seus governadores sucumbem aos vícios típicos do poder exclusivo (de um homem só), incluindo a paranoia, a imprevisibilidade, o desrespeito à lei e aos costume ancestrais, a profanação das mulheres e o assassinato dos oponentes.

O enorme leque de interesses de Heródoto contrasta com o estreito foco de Tucídides sobre a política, a guerra e a economia, uma orientação que teve uma forte influência naquilo que mais tarde foi considerado como o estudo da história propriamente dito, no mínimo até o século XX, quando uma nova preocupação com a história social, abarcando (por exemplo) o gênero e a religião, retorna o tema para uma perspectiva mais herodotiana. O tema de Tucídides é a Guerra do Peloponeso, travada entre Atenas e Esparta de 431 até 404 a.E.C., que terminou com a derrota de Atenas. Tucídides provinha de uma rica família ateniense e ele próprio fora general na guerra, até ser exilado pelos atenienses em 424 por não conseguir proteger a cidade de Anfípolis, ao norte da Grécia, dos espartanos, conduzidos por Brasidas. Tucídides se refere a sua própria falha e ao exílio, mas também sublinha o tempo todo a grande habilidade militar de Brasidas (implicando que a derrota não tornou ele, Tucídides, um mau soldado), e encarou o seu exílio positivamente ao afirmar que o mesmo lhe permitiu reunir evidências de ambos os lados (5.26). O banimento de Tucídides pode também ter influenciado seu desprezo pela maioria dos políticos e generais de Atenas, que alcançaram proeminência depois que o principal estadista da cidade Péricles, a quem Tucídides dedicava grande admiração, morreu na peste de 429. Embora Tucídides tivesse vivido para ver o fim da guerra, ele faleceu antes de completar o relato dessa luta, e sua história termina no meio de uma sentença que discute os eventos de 411. A despeito disso, a concepção de Tucídides da guerra como um todo, incluindo as razões da derrota de Atenas, emerge dos oito livros que chegaram até nós, cuja análise das maquinações da *Realpolitik* e do comportamento humano sob as pressões da guerra jamais foram superadas.

Tucídides já era admirado na Antiguidade como o mais importante historiador e foi aclamado nos tempos modernos como o inventor da história científica e objetiva, que é exatamente como ele se apresenta na abertura das seções de seu trabalho, em que ele estabelece seus métodos, contrastando sua precisão, sua investigação minuciosa das fontes e seu entendimento das causas históricas com as técnicas rudimentares de seus predecessores. Eles são mais "poetas" e "contadores de histórias" do que historiadores (1.21), e enquanto o objetivo deles (conforme Tucídides alega) é o entretenimento, o seu é o verdadeiro entendimento do passado que terá um valor permanente:

E para o auditório o caráter não fabuloso dos fatos narrados parecerá talvez menos atraente; mas se todos quantos querem examinar o que há de claro nos acontecimentos passados e nos que, um dia, dado o seu caráter humano, virão a ser semelhantes ou análogos, virem sua utilidade, será o bastante. Constituem mais uma aquisição para sempre que uma peça para um auditório do momento. (1.22; trad. Anna Lia Amaral de Almeida Prado.)

Essa passagem deixa claro que Tucídides está seguro que a audiência (ou o leitor) aprenderá da sua *História da Guerra do Peloponeso* como o mundo funciona. Como na épica, a guerra é apresentada por Tucídides como um campo de provas do caráter humano, expondo coragem, ingenuidade, resiliência, mas também egoísmo, crueldade e desumanização. A desastrosa tentativa ateniense de invadir e controlar a Sicília em 415-413 a.E.C., que terminou com seus soldados, cada um deles, morto ou escravizado, constitui um paradigma dos riscos da guerra em geral, especialmente dos perigos do excesso de confiança e do desconhecimento acerca do inimigo. Os horrores do conflito armado são particularmente realistas nos pormenores no caso de uma guerra civil, quando uma comunidade se volta contra ela própria, resultando em um colapso social e moral. O relato de Tucídides sobre a guerra civil na ilha de Corcira (hoje, Corfu) é uma análise profunda da "natureza humana" (um elemento chave na imaginação histórica de Tucídides) sob a pressão da violência e do colapso social:

Na paz e na prosperidade as cidades e os indivíduos têm melhores as suas mentes por não caírem em necessidades não desejadas; a guerra, porém, eliminando a facilidade do cotidiano, é um mestre de violência e à situação presente equipara as paixões da maioria. (3.82; trad. da Anna Lia Amaral de Almeida Prado.)

Do mesmo modo como descreve as glórias e as crueldades da guerra, Tucídides também analisa a atração e os riscos do imperialismo, que ele vê como uma consequência natural do impulso humano por poder e *status*. Os atenienses justificam seu império em termos os mais grosseiros: "tem sido sempre uma regra que o mais fraco deve estar sujeito ao mais forte" (1.76). E Tucídides apresenta o próprio Péricles vangloriando-se da extensão do domínio ateniense sobre outros Estados gregos e do dinamismo de seu espírito imperial (2.64). Entretanto, Tucídides também deixa claro o inerente perigo e a instabilidade do império, não só por estar sujeito às imprevisibilidades da guerra, a qual é necessário ganhar e manter também, mas, porque desperta o medo e a inveja, como na ocasião em que (na análise de Tucídides) a expansão do poder de Atenas levou os espartamos à declaração de guerra. Ele não deixa de descrever as vítimas do império, como quando a ilha de Melo (hoje Milos) tentou permanecer neutra na guerra: os atenienses levaram todos os homens da ilha à morte e escravizaram as mulheres e as crianças. Como esse e outros episódios demonstram, a luta do homem pelo poder e por vantagens pode ser inevitável, mas o poder uma vez alcançado pode ser erradamente administrado. (A propósito, a destruição de Melo em 416 a.E.C. foi logo seguida pela desastrosa tentativa ateniense de conquistar a Sicília.)

Tucídides era um aristocrata conservador, que desconfiava da democracia: ele disse sobre a oligarquia de cinco mil seletos cidadãos que controlaram a cidade por um breve período em 411 a.E.C. que "aparentemente os atenienses foram bem governados, ao menos pela primeira vez em meu tempo de vida" (8.97). Reconheceu que a democracia funcionou bem quando foi conduzida por um só homem, Péricles – "o que era nominalmente uma democracia, se tornou em suas mãos um governo de seu primeiro cidadão"(2.65) –, e considerou que esse equilíbrio adequado entre o povo e os melhores foi corrompido pelos sucessores de Péricles, cujas rivalidades pessoais e a visão curta em responder aos caprichos do povo, constituíram, na sua opinião, a razão chave para a derrota de Atenas.

Mas a despeito desses e de outros vieses, a análise de Tucídides sobre a liderança permanece muito interessante: o estadista necessita de inteligência e de previsão se deve reagir ao inesperado (uma feição constante da política e da guerra) com bom planejamento de modo a evitar o desastre. Assim, conquanto devamos resistir à tentação de assumir como definitivo o relato superinteligente da história da Grécia do século V a.E.C. de Tucídides, seu trabalho constituía, sem dúvida, um enorme desenvolvimento da historiografia no seu esforço pela acuidade e pela explicação baseada em cuidadosa observação (ele foi o primeiro a escrever a história de seu próprio tempo), em critérios de probabilidades (de modo a poder reconstruir o que um general ateniense teria possivelmente dito antes do confronto final da Sicília, por exemplo) e em uma abrangente, ainda que sombria, análise das motivações humanas.

Dos muitos historiadores que escreveram durante o período helenístico (a edição moderna padrão lista mais de 850 deles), nenhum texto completo restou, mas há uma porção substancial dos mais importantes deles, Políbio, cujo tema é a ascensão de Roma entre os anos de 220-146 a.E.C. para se tornar a maior potência no mundo Mediterrâneo. Nenhum texto de historiador nesse período poderia ignorar a formidável expansão de Roma, e o objetivo de Políbio foi duplo, descrever e explicar o sucesso de Roma. Ele escreveu para romanos (cuja elite política conhecia grego), bem como para seus amigos leitores gregos, e sua meta era tanto didática quanto histórica, uma vez que todos os leitores poderiam aprender a partir de seu relato quais qualidades morais e que tipo de constituição tornou possível o triunfo de Roma. Ele dedicou um livro inteiro (o 6) ao Estado romano e às suas instituições, seguindo o foco de Heródoto nos diferentes tipos de constituições (monarquia, aristocracia/oligarquia e democracia) e suas consequências, mas Heródoto, ao contrário, enfatizava os perigos da monarquia e os benefícios da democracia, e Políbio via na constituição tripartite de Roma, que usava os elementos de todas as três formas, a razão principal do sucesso romano – e acrescentava ainda a monstruosa força conquistadora do exército romano.

Entretanto, é notável encontrarmos também em Políbio, nas primeiras etapas do desenvolvimento do Império Romano, uma ênfase no perigo da corrupção e da decadência que assomam na esteira do império (18.35, 31.25, 35.4). A ideia de uma Roma decadente e em declínio é o *leitmotiv* da literatura romana, especialmente da historiografia romana. Muitos fatores encorajavam uma tal narrativa: a excepcional escala do poder romano; a natureza tradicional da cultura romana, com sua ênfase no *mos maiorum* (costume ancestral) e a suspeita em relação ao novo; e, não menos importante, a destruição da República na guerra civil e seu decaimento em direção da ditadura.

A influência da historiografia grega sobre a romana é considerável, e o primeiro historiador, nascido em Roma, [Quinto] Fábio Pictor, cujos trabalhos datam do fim do século III a.E.C., até mesmo escreveu em grego, como fizeram os seus sucessores imediatos. O primeiro a escrever a história de Roma em prosa latina foi Catão, o Velho, que encontramos no capítulo 1 como um campeão da "romanidade" realista em oposição à sofisticação dos gregos demasiado espertos. Catão começou a escrever suas *Origens* por volta de 168 a.E.C. e trabalhou nesse livro até a sua morte em 149. Embora tenham restado apenas fragmentos, podemos ver nas *Origens* algumas das feições distintivas da historiografia romana.

Antes de tudo, como indica o próprio título, o escrito de Catão conta a história de Roma e da Itália "desde o início" até os dias em que ele próprio viveu (o próprio Catão é personagem em sua história), o que se tornou um formato popular para os historiadores romanos que, em geral, começam as suas narrativas com a chegada do legendário Eneias à Itália (tal qual fizeram Quinto Fábio Pictor e Catão) ou com a antiga fundação de Roma por Rômulo e Remo em 753 a.E.C. Depois, não haveria, virtualmente, nenhuma fonte escrita disponível para a antiga história romana, de modo que para lidar com esse período Catão dependia das memórias do povo e dos "mitos históricos" que precisavam ser adaptados ao seu tempo. Com isso, não se pretende dizer que os historiadores romanos não estivessem comprometidos com a verdade – que certamente permanecia como um ideal e era um padrão alegado pelos historiadores romanos para ficarem livres de vieses –, porém enfrentavam enormes problemas para achar fontes confiáveis, especialmente para os períodos mais antigos, e raramente questionavam a acuidade de histórias anteriores, nas quais, em geral, se baseavam. Assim a escrita da história deve tanto (e, em muitos casos, até mais) à poesia e à retórica quanto às longas horas trabalhando arduamente nos arquivos senatoriais. Por fim, Catão pensava que a história poderia ensinar lições úteis, e a natureza moral e didática da história era particularmente proeminente na cultura romana. Dessa forma, historiadores romanos tinham como foco, muitas vezes, aquilo que poderia ser ensinado a partir de figuras e eventos exemplares do passado, tanto de bom quanto de mau. Em relação a isso, a ênfase de Catão era no bem comum: ele não nomeia magistrados nem comandantes militares individualmente, elidindo assim sua glória pessoal e dando importância, em contrapartida, ao ao serviço que prestaram a Roma.

O primeiro historiador romano cujos trabalhos completos subsistiram é Salústio. Seus trabalhos, *Guerra Contra Catilina* e *Guerra Contra Jugurta*, foram escritos nos anos 40 a.E.C., sob a forma de monografias sobre discretos episódios da história recente: a conspiração fracassada do aristocrata romano Catilina para derrubar a república em 63-62 a.E.C. e a guerra de Roma com Jugurta, rei da Numídia ao norte da África, em 111-104 a.E.C. Salústio vê em ambos os conflitos os sintomas de uma difundida e irreparável degeneração da elite governante romana, cuja obsessão pela riqueza e pelo poder corrompe a vida pública, de modo que eles (entre outros atos perigosos) fazem mal uso do exército romano (como em *Jugurta*) ou exploram o desespero dos pobres (como em *Catilina*) para continuar atrás de suas próprias ambições pessoais. A despeito de uma moralização bastante esquemática, o estilo afiado e a visão desencantada da política do poder romano de Salústio eram amplamente apreciados e grande foi a sua influência sobre Tácito, o mais profundo investigador da história romana.

Salústio lutou a favor de César na guerra civil nos primórdios dos anos 40 a.E.C. e, como acontece entre as obras "históricas" completas, as únicas que restaram do período republicano foram a *Guerra da Gália* e a *Guerra Civil* de César. Em sete livros, ele descreve suas conquistas da Gália (58-51 a.E.C.) e também duas expedições à Bretanha, em 55 e em 54 a.E.C.; na segunda delas forçou Cassivelauno, rei de hordas de desgrenhados bretões de Hertfordshire, a pagar tributo. César apresenta a conquista da Gália como uma resposta legítima aos apelos das próprias tribos gálicas, a fim de repelir ataques entre uma e outra ou de invasores germânicos, mascarando assim seu verdadeiro propósito de ajudar a encher os seus cofres da campanha (para financiar o suborno na volta a Roma) e de treinar as suas legiões para as poderosas guerras por vir. Seus três livros sobre a guerra civil enfatizam seu patriotismo, sua clemência e o desejo de paz, e contradizem a imagem que dele fazem seus inimigos senatoriais como um revolucionário perigoso ao descreverem-no como um defensor da República e das tradições. Refere-se a si próprio na terceira pessoa, em toda parte e o tempo todo ("No recebimento dessas notícias, César ordenou que o exército avançasse" etc.), criando, assim, um ar de objetividade, mas, na verdade, pondo em primeiro plano sua própria autoridade e competência.

Obviamente, ambos os trabalhos de César estão mais próximos da propaganda do que da história, mas mesmo hoje em dia ainda é um fato raro encontrar memórias de um general ou de um político que não sejam uma ampla autojustificação. Esses textos foram moldados pelas ambições políticas de César, porém continuam fascinantes por revelar as táticas de uma das mais influentes figuras do mundo antigo e durante um dos períodos mais turbulentos e brutais da história europeia. Seu estilo, com uma linguagem simples e clara, é voltado para seduzir o leitor a aceitar a sua versão dos eventos como a verdade nua e crua, e fez dele, também, a ruína das crianças em idade escolar que por séculos começavam a estudar latim com seu texto – e que, se ainda lembram algo das aulas, sabem que "Toda Gália é dividida em três partes[...]" (1.1) – contribuindo muito, dessa maneira, para configurar a visão moderna dos romanos implacáveis e militaristas.

Contrastando com Salústio e César cuja produção visava episódios recentes ou contemporâneos da história, o considerável conjunto de 142 livros escritos por Tito Lívio, intitulado *Desde a Fundação da Cidade*, incluía toda a história de Roma a partir de suas origens no século IX a.E.C. Desse total, apenas 35 livros chegaram até nós: 1-10 (753-293 a.E.C.) e 21-45 (218-167 a.E.C.). Lívio organizava o seu material ano por ano, e a sua cobertura fica cada vez mais pormenorizada quanto mais próximo de seu tempo estavam os eventos e quanto mais dados podia extrair das fontes literárias: assim, no Livro 21, ocasião em que Roma estava em guerra contra Anibal (218 a.E.C.), ele já havia coberto mais de quinhentos anos. Como Políbio (uma de suas maiores fontes), Lívio pretendia escrever uma crônica da expansão e ilustrar as virtudes que escoravam o sucesso do poder romano. Ele deixa claro no seu prefácio o propósito e o valor da história:

Em relação ao estudo da história, é particularmente vantajoso e fértil que você examine os modelos de todo tipo dispostos em ilustre memorial; a partir disso lhe é possível tomar para si e para a sua comunidade o que imitar, a partir disso lhe é possível evitar o que é vexatório no início ou vexatório no fim.
(*Prefácio* 10; trad. Bianca Fanelli Morganti.)

A história como uma série de bons e maus exemplos soa deveras monótona, e o que salva o projeto didático de Lívio do desinteresse é o seu brilhantismo como contador de histórias, sendo capaz de criar convincentes personagens e narrativas dramáticas. Muitos dos relatos da história de Roma com que Lívio lidou já eram muito conhecidos de sua audiência – desde os famosos episódios de heroísmo e autossacrifício (*e.g.* Hóracio Cocles defendendo a ponte sobre o rio Tibre) aos da crueldade tirânica (*e.g.* o rapto de Lucrécia, que levou à abolição da monarquia e ao estabelecimento da República) – mas ele os apresenta com suspense e emoção, e o entretenimento dos romanos com seu estilo histórico dramático pode ser comparado com o prazer auferido pela leitura dos escritores de temas históricos como Hilary Mantel e William Boyd – com a vantagem de Lívio preservar inúmeros pormenores da história que, de outro modo, se perderiam.

É uma lástima muito especial o fato de os últimos livros de Tito Lívio não terem chegado até nós, pois teria sido fascinante ver como ele apresentaria Augusto e a sua reivindicação de ter restaurado a República. O que é claro é que a mudança de República para principado – *princeps* significando "primeiro cidadão", um eufemismo para o poder absoluto do imperador – teve um profundo impacto na escrita da história. Sob o sucessor de Augusto, Tibério, o historiador Cremúcio Cordo foi acusado de traição por escrever um relato pró-republicano das guerras civis: o intimidado senado condenou Cremúcio, seus livros foram queimados e, por decisão própria, morreu de fome (25 E.C.). Por contraste, as obras dos historiadores e moralistas pró-império como Veleio Patérculo e Valério Máximo são marcadas por lisonjas bajuladoras de Tibério, e o fato de eles seguirem a linha do *establishment* ajuda a explicar a razão pela qual o sistema imperial durou tanto tempo. Entretanto, por sorte, um trabalho crítico sobre o principado sobreviveu, e foi escrito, dentre todos, pelo maior historiador romano.

Tácito produziu suas obras históricas, as *Histórias* e os *Anais*, no começo do século II E.C., durante os reinados de Trajano e de Adriano, mas ele era suficientemente hábil para não tratar de história contemporânea – então um risco assumido, a menos que alguém ficasse muito contente em bajular. Em vez disso, cobriu nas suas *Histórias* os anos de 69 a 96 E.C., desde a morte de Nero, o "Ano dos Quatro Imperadores" (Galba, Otão, Vitélio e Vespasiano) até a morte do repressivo Domiciano. Tácito descreve o caos das guerras civis e a emergência sangrenta de ainda outra dinastia imperial, Vespasiano e seus filhos, Tito e Domiciano. Porém é nos *Anais*, escrito após as *Histórias*, mas tratando do período anterior, o da dinastia júlio--claudiana, isto é, da ascensão de Tibério até o suicídio de Nero, que o autor oferece uma pintura mais penetrante e rigorosamente crítica do sistema imperial e de seus efeitos tanto sobre o imperador como sobre seus súditos.

Cada um dos três imperadores, assunto dos livros que sobreviveram dos *Anais*, é apresentado como desastrosamente falho: Tibério, mentiroso e sádico; Cláudio, um cornudo fraco de espírito, além de pedante; e Nero, um psicopata que matou a mãe e que tinha uma predileção em mostrar seus imaginários talentos de ator, cantor e piloto de biga. (Infelizmente, os livros sobre o notório, depravado e brutal imperador Calígula estão perdidos.) Graças a Tácito é impossível pensar na Roma Imperial sem visualizar Nero se divertindo – ou melhor, cantando ao som da lira – enquanto Roma arde em chamas (*Anais* 15.39). Mas à medida que oferecia vívidos retratos de autocratas enlouquecidos, Tácito também censurava seus colegas membros das classes governamentais por serem coniventes em seu próprio servilismo. A descrição de abertura da reação deles à ascensão de Tibério é emblemática da obra como um todo:

Mas já dentro de Roma corriam a precipitar-se na escravidão os cônsules, patrícios e cavaleiros; e quanto mais ilustres tanto mais falsos e prontos se mostravam, estudando até sua fisionomia e seus gestos para nem parecerem demasiadamente alegres com a morte do príncipe, nem tristes com o novo governo, de maneira que a adulação tinha achado o segredo de equilibrar as alegrias com o pranto. (*Anais* 1.7; trad. José Liberato Freire de Carvalho.)

A covardia deles adoecia o próprio imperador:

É tradição constante que o mesmo Tibério, todas as vezes que saía da cúria, exclamava em grego: "que homens estes tão bem azados para serem escravos!" De sorte que aquele mesmo, que tanto procurava aniquilar a liberdade pública, até se chegava a enjoar da rasteira paciência de seus vis aduladores!
(*Anais* 3.65; trad. José Liberato Freire de Carvalho.)

Assim, embora lamente a perda das liberdades republicanas (em especial de senadores, como ele próprio), Tácito não era tão ingênuo a ponto de esquecer as ambições políticas e a rivalidade das facções que causaram o colapso da República, e reconhece a inevitabilidade de um governo de um só homem se a alternativa for a guerra civil. Entretanto, como o "Ano dos Quatro Imperadores" mostra, o próprio principado não é uma garantia contra a guerra civil, e a Roma imperial continuava a sofrer com a ambição, a corrupção e a violência que levaram à sua criação.

No início dos *Anais*, Tácito faz a convencional reivindicação dos historiadores pela imparcialidade, dizendo que abordará a sucessão imperial a partir de Augusto, "sem ira ou tendenciosidade" (*sine ira et studio*, 1.1). Mas sua concepção pessoal de que o principado corrompe o governador e os governados se faz sentir durante sua narrativa. Entre historiadores antigos, Tácito se coloca ao lado de Heródoto pela inteligência e *insights*, atributos que lhe permitem as análises dos danos causados por formas autocráticas de governo, tanto para o indivíduo como para a sociedade. Ele não tem par na historiografia posterior – ou na biografia, um gênero que, por focar em uma pessoa, especialmente em seu caráter e uso do poder, tornou-se popular sob o império. A resposta de Tácito em relação a esse império não é apenas uma obra-prima da narrativa histórica, mas também um testamento do poder da verdade em face da opressão política que não perdeu sua força ou relevância.

6

ORATÓRIA

A habilidade de uma fala em ser eficaz e persuasiva tem uma função a desempenhar em toda comunidade humana, e a capacidade de falar bem foi sempre altamente apreciada nas sociedades grega e romana. Este capítulo examinará as razões da importância da oratória no mundo clássico e como evoluiu para ir ao encontro das demandas dos oradores e das audiências. As regras e as técnicas que sustentavam uma comunicação efetiva eram conhecidas no mundo antigo como "retórica", e estudar a arte da retórica constituía a espinha dorsal da alta educação para gregos e romanos do século v a.E.C. em diante. Estritamente falando, aqui, o nosso foco está mais na oratória do que na retórica, isto é, sobretudo nos discursos que sobreviveram do que nas suas subjacentes regras técnicas, embora ambos, por razões óbvias, estejam interligados. A oratória talvez seja o gênero antigo menos apreciado em nosso tempo, contaminada como está (pejorativamente) pela "retórica" dos políticos *et alli*, mas ela contém alguns dos mais elegantes exemplos da prosa grega e latina, e os discursos que restaram iluminam muitas das essenciais feições das sociedades grega e latina.

Já na épica grega antiga presenciamos a importância da oratória, bem antes da era dos tratados técnicos e do treinamento formal, uma vez que o herói ideal de Homero é um "porta-voz de palavras" bem como um "realizador de ações". Mas é nas cidades-estado democráticas do século v a.E.C., na Sicília e em Atenas, que vemos o florescimento da oratória em uma forma maior e essencial de persuasão de massa. Seja na assembleia democrática ou nos tribunais judiciários, o sucesso do orador dependia de sua – e sempre foi dele, já que as mulheres eram consideradas "menores" política e legalmente – mestria em convencer um amplo corpo de seus pares a votar a seu favor. (A assembleia reunia alguns milhares, enquanto um júri ateniense era composto por várias centenas de cidadãos; o número exato de indivíduos dependia do tipo de caso.) Comunidades democráticas como Atenas tinham muito orgulho do direito à livre expressão do seu cidadão como indivíduo, mas a liberdade vinha com a responsabilidade de participar diretamente na política e representar-se nas cortes, embora com a ajuda de um redator do discurso, se necessário. Com (em alguns casos legais) a vida ou os meios de subsistência do orador em risco, e sem juízes ou advogados profissionais para orientar a opinião, a habilidade do indivíduo para conquistar uma audiência de massas era crucial, e não é surpresa que os discursos remanescentes, políticos e jurídicos, usassem tanto apelos emocionais como argumentos fundamentados.

Como nas sociedades democráticas modernas, o orgulho pela liberdade de expressão coexistia com a a desconfiança em relação a um tagarela astuto e com a ansiedade quanto ao uso inescrupuloso da oratória. Críticos da democracia, como o conservador Tucídides ou o reacionário Platão, assinalavam para o povo (*demos*) que o mesmo estava sendo influenciado pelos oradores falando em causa própria (ou demagogos), mas os atenienses calculavam sabiamente que o risco de engano valia o preço a ser pago pela igualdade política. Ora, alguém sempre poderia apontar o problema de a habilidade retórica influenciar um júri a absolver quando os fatos do caso sugerem o contrário, mas temos a mesma situação nos dias de hoje: cada um de nós sabe que um bom jurista ou um bom advogado faz a diferença, e jurados ou juízes ainda devem ser persuadidos. A estranha rejeição de Platão à retórica democrática caiu em ouvidos moucos, e a análise mais influente da oratória grega foi escrita pelo seu aluno mais pragmático, Aristóteles, que reconhecia seu legítimo papel na vida pública. É a Aristóteles que devemos a esquemática e útil divisão da oratória em três amplos tipos: deliberativa, judiciária e demonstrativa.

A oratória deliberativa era usualmente dirigida a assembleias políticas e pode ser comparada ao discurso parlamentar moderno. Não havia partidos políticos no mundo antigo e a política era impulsionada pelos indivíduos. O orador político de sucesso precisava de maestria para improvisar, uma vez que não sabia exatamente como o debate iria se desenvolver. Fatos chaves e passagens poderiam ser memorizados, mas o orador que não soubesse pensar por si não duraria muito. Como querelantes e réus falavam em seu próprio nome, o orador na oratória judiciária era em geral um amador, que confiava em um especialista para escrever o seu discurso (se pudesse dar-se a esse luxo), e isso constituía uma medida essencial da capacidade do orador profissional que seu discurso criasse uma *persona* para seu cliente que o levaria a ganhar o caso. Não era aceitável ler um texto na corte, de modo que o orador tinha que depender da memória, porém, mais uma vez, se esperava que um talentoso redator de discursos criasse a ilusão de uma fala de improviso. As cortes eram também uma arena para contendas políticas, com acusações de fraudes e más condutas de todo tipo sendo lançadas por toda parte, e havia sempre trabalho para bons oradores. Finalmente, a oratória demonstrativa ou cerimonial marcava eventos importantes na vida da comunidade, sendo o mais solene o gênero do epitáfio, onde a cidade-Estado honrava aqueles cidadãos que haviam morrido lutando pelo seu bem. Esses discursos afirmavam os valores comuns do orador e da audiência, amparando e celebrando sua identidade compartilhada.

Consideremos, então, alguns exemplos. O discurso de Lísias na corte, intitulado *Sobre o Assassinato de Eratóstenes*, é um dos mais fascinantes documentos que chegaram até nós, repleto como é de pormenores da vida familiar na Atenas clássica. O réu, Eufileto, está em julgamento pela morte de Eratóstenes, um concidadão, mas (argumenta ele) uma vez que o havia pegado *in flagrante delicto* com sua esposa, se justificava tê-lo matado no ato. O discurso é o sonho de qualquer historiador, uma vez que nos diz muito sobre uma série de questões sociais e legais, desde o policiamento do comportamento da mulher e preocupações acerca do adultério e da legitimidade até a configuração e a planta das casas atenienses. Mas sua habilidade literária é também extraordinária, e o estilo claro, sedutor e simples de Lísias cria para o orador uma *persona* perfeitamente adequada para ganhar o caso. Aqui, por exemplo, Eufileto descreve o suspeito comportamento de sua mulher e sua inocente reação:

Tempos depois, ó senhores, cheguei inesperadamente em casa vindo do campo, e após o jantar a criança estava aos berros e irascível, afligida propositalmente pela serva com o intuito de provocar-lhe tal reação (pois o homem estava em casa, só mais tarde me dei conta de toda a situação). Eu mandei então que a minha esposa saísse e desse o peito à criança a fim de que parasse de chorar. Ela, a princípio, não queria fazê-lo, alegando que estava feliz ao me ver chegar depois de tanto tempo. No entanto, visto que eu estava bravo e lhe mandava sair imediatamente, ela me disse: "ah! sim, para que você experimente aqui mesmo esta jovem serva; tempos atrás, você, bêbado, arrastava-a por aí." (*Lísias*, 1.11-12; trad. Daniel R.N. Lopes.)

A narrativa considera Eufileto ingênuo e confiável, enquanto sua esposa é enganadora, fazendo com que os empregados da casa se voltassem contra o patrão e até usando seu filhinho para promover sua própria lascívia: cada palavra é encaixada para gerar a máxima indignação em um júri de cidadãos atenienses, todos homens.

A linguagem astuciosamente simples de Eufileto sugere um homem honesto, não muito inteligente, franco, cujo estilo pode alcançar tons de grandeza, quando o réu lembra das palavras finais dirigidas ao adúltero:

E ele admitiu a injustiça cometida, e implorava e suplicava para que eu não o matasse, mas lhe impusesse uma compensação em dinheiro. E eu lhe disse: "Não sou eu que irei matá-lo, e sim a lei da cidade, a qual você, ao transgredi-la, considerou valer menos que seus prazeres, preferindo cometer tal crime contra minha esposa e meus filhos a obedecer as leis e ser moderado." (1.25-26; trad. Daniel R.N. Lopes.)

Essa é uma tática de mestre, ao explorar o orgulho do júri ateniense pelo seu sistema jurídico e a sua superioridade ante a violência por vingança. Ao declarar aos jurados "Não sou eu que irei matá-lo, e sim a lei da cidade", Eufileto se apresenta não como um marido raivoso, se vingando brutal e premeditadamente, mas como um instrumento justo das leis atenienses, aplicando a punição instantânea em nome delas.

Demóstenes era visto na Antiguidade como o maior orador grego; e seu esforço para despertar e aconselhar os atenienses em sua luta contra o crescente poder de Filipe da Macedônia resultou em uma das mais brilhantes oratórias políticas jamais escritas. Na primeira de suas apropriadamente intituladas *Filípicas*, apresentada em 351 a.E.C, Demóstenes mistura inspiradoras (e vergonhosas) lembranças das glórias passadas de Atenas com uma crítica sarcástica para a comum timidez e lenta reação de sua audiência:

Atenienses, vós que possuís uma força insuperável em trirremes, hoplitas, cavaleiros, rendas pecuniárias, nada disso jamais utilizastes convenientemente até o dia de hoje, e nada faltou para que fizésseis guerra contra Filipe da mesma maneira que os bárbaros lutam no pugilato. De fato, quando um deles recebe um golpe, sempre leva a mão para a contusão, e, se recebe uma pancada em outro lugar, para aí vão as suas mãos; contudo, não sabe e não quer proteger-se ou arrostar-se com o adversário. (*Filípicas* 1.40; trad. Isis Borges B. da Fonseca.)

Como destreinados boxeadores estrangeiros, os atenienses continuaram a mover suas tropas a lugares que Filipe já tinha golpeado, em vez de irem aos que ele iria golpear. Todos os discursos de Demóstenes ligados à ascensão do macedônio descrevem o próprio Demóstenes, nada surpreendentemente, como um heroico campeão da liberdade na guerra contra a tirania. Visto que sabemos ter sido sua luta em vão, por Atenas ter sucumbido sob Filipe e depois sob a monarquia de seu filho, Alexandre, o Grande (e seus sucessores), esses discursos têm uma qualidade melancólica, e também estimulante, como epitáfios sobre o fim da democracia.

Os discursos dos oradores atenienses foram amplamente lidos pelos membros da elite romana como parte de sua educação, que focava em uma ampla gama de modelos de retórica capaz de preparar o cidadão romano para os deveres e desafios da vida pública. Tal como acontece na escrita da história, Catão, o Velho, desempenha papel importante nas origens da oratória romana, embora tivessem restado apenas fragmentos de seus discursos. Ele insistia em falar latim na assembleia ateniense, embora soubesse grego, fazendo questão que o latim fosse então a língua dominante no mundo mediterrâneo. E seu famoso conselho incisivo sobre como ser um orador eficiente, "controle o assunto, as palavras seguirão" (*rem tene, verba sequentur*), baseia-se no contraste entre gregos prolixos e enganosos e romanos diretos e sem subterfúgios, que Catão era perito em explorar para seus próprios fins políticos.

Os fragmentos que restaram apresentam seu estilo vigoroso e a adequação de seus temas: "Ladrões das propriedades privadas passam sua vida nas prisões e algemados; ladrões públicos, em ouro e púrpura" (*Discursos* fr. 224).

Como na Grécia, discursar bem era essencial em todas as áreas da vida pública romana, especialmente nas cortes e na política (quer discursando em reuniões públicas ou no senado, mais exclusivo), mas também em contextos militares, diplomáticos ou religiosos. Na esfera da oratória judiciária, a prática romana difere da grega ao permitir que um advogado fale em nome de alguém e tais oradores devem ser (ou, no mínimo, dar a impressão de serem) figuras de estima ou autoridade na sociedade romana. Mas a *persona* do advogado era também flexível, tanto que vemos em Cícero, o maior orador romano (e o único orador do período republicano de quem temos os discursos completos), um esforço constante de se apresentar em termos adequados às necessidades de cada caso particular, desde o indignado tradicionalista romano em *Contra Piso*, por exemplo, que ataca o seu alvo *inter alia* pela incompetência militar, corrupção provinciana, devassidão e pobreza filosófica (epicurista) até o apologista avuncular de *Em Defesa de Célio*, que desculpa o chocante estilo de vida de seu cliente pelo clássico "argumento" segundo o qual "um menino é um menino" e por retratá-lo como uma vítima inocente de uma sedutora e imoral mulher mais velha. A renomada adaptabilidade de Cícero levou Catulo a descrevê-lo ambiguamente como *optimus omnium patronus* (Poema 49), que pode ser lido "o melhor advogado de todos", mas também como "o melhor advogado de tudo" – em outras palavras, como um orador sem princípios que representará qualquer pessoa conquanto promova sua própria carreira.

No capítulo anterior, vimos como o historiador Salústio abordou a fracassada conspiração do aristocrata romano Catilina para derrubar a república. Cícero viu sua participação em desbaratar a conspiração durante os últimos meses de sua função como cônsul, em 63 a.E.C., como um ponto alto de sua carreira (ver figura 6). Embora Cícero tivesse sido exilado cinco anos depois por executar alguns conspiradores sem julgamento, ele nunca deixou de celebrar e justificar as suas ações, mesmo escrevendo um poema sobre a sua função consular, do qual sobrevivem fragmentos (a menos que seja uma paródia do original, o qual foi ridicularizado na publicação), sendo o mais extenso "Oh que feliz destino para o Estado romano foi o período de meu consulado!" (*O fortunatam natam me consule Romam.*)

Felizmente, Cícero era muito melhor na oratória, e suas quatro orações *Catilinárias*, que são versões revisadas dos discursos originais, escritas por Cícero em 60 a.E.C. para justificar sua conduta controversa de três anos antes, oferecem uma vívida descrição da política de facções e da violência que levaram à destruição da república na guerra civil. A retórica é grandiosa e nada sútil: Cícero é o altruísta defensor da pátria, Catilina é o traiçoeiro e pervertido inimigo, e Roma, ela mesma, personificada, roga que Catilina a deixe em paz (1.18). A análise monocromática de Cícero pode não subsistir ante a subjacente fraqueza institucional que conduziu à ambição e ao caos de seu tempo, e sua autoglorificação torna-se tediosa, mas sua tentativa para justificar a execução dos conspiradores em nome da liberdade e da segurança nacional permanece relevante como sempre.

Vemos um outro lado do talento de Cícero como um orador forense no *Em Defesa de Célio*, discurso proferido em 56 a.E.C., depois que Cícero retornou do exílio. Seu cliente, Marco Célio Rufo, tinha sido acusado de sedição violenta, mas essa séria acusação, conectada ao assassinato de diplomatas egípcios numa embaixada a Roma, foi completamente deixada de lado por Cícero, que focou seus esforços em assassinar o caráter de Clódia, uma das testemunhas da acusação, que alegava que Célio lhe pedira dinheiro emprestado para comprar veneno. Uma

FIG. 6: *Cesare Maccari, Cícero Denuncia Catilina, pintado para o Senado da República italiana* (1888).

coisa é não ficar encalhado em aspectos técnico-legais – Demóstenes era famoso por evitar isso, pois sabia que tais pormenores poderiam aborrecer a audiência –, outra completamente diferente era ignorar as reais acusações, como Cícero faz aqui, concentrando-se, ao contrário, em retratar Clódia como uma prostituta, que dorme inclusive com seu irmão Clódio – coincidentemente, ou não, o mesmo homem que arcou com os custos do exílio de Cícero. Na versão de Cícero dos eventos, Clódia seduziu o jovem ingênuo e inocente Célio, mas em algum momento ele a deixou, enojado, de modo que agora ela, a amante rejeitada, bradava por vingança.

Se isso soa como uma intriga familiar, é porque é, e Cícero pronuncia seu discurso, de modo deliberado, como se fosse um entretenimento teatral, misturando referências da tragédia, da comédia e do mimo a fim de entreter e desorientar sua audiência. Assim, Clódia é comparada à rejeitada e vingativa Medeia, as transgressões juvenis de Célio são desculpadas contrastando a reação de dois pais da comédia romana (um rígido e não atrativo, o outro leniente e compreensivo) e a alegada intriga para despejar o veneno acaba numa farsa, com uma cena de pastelão ambientada em um banheiro público. O habilidoso uso que Cícero faz aqui e algures do humor desafia sua injusta reputação como um pomposo tagarela, e sua estratégia de desvio cômico funcionou, pois Célio foi inocentado. (Célio astutamente apoiou César nas guerras civis por vir, mas foi morto em 48 a.E.C. em uma tentativa de rebelião contra ele.)

Os discursos políticos de Cícero, inclusive suas *Filípicas* contra Marco Antônio (o título lembra a defesa da liberdade grega por Demóstenes), são os melhores e conclusivos exemplos do uso da oratória para influenciar a vida política em Roma. Cícero foi morto pelos homens de Antônio em dezembro de 43 a.E.C, e sua cabeça e mãos foram decepadas e pregadas no púlpito do orador no fórum, simbolizando o fim da liberdade do discurso político na medida em que o sistema republicano continuava a decair em direção ao governo de um só homem. A oratória permaneceu como parte essencial da educação e da vida pública sob o principado, tanto das comunidades falantes do grego como do latim, fosse nas cortes, nos conselhos locais, nos vários contextos cívicos, e oradores performáticos gozavam de prestígio e popularidade por todo império. Porém, a perda de liberdade política cobrou o seu preço.

O *Panegírico* de Plínio, uma versão ampliada do discurso que proferiu no senado agradecendo o imperador Trajano por sua "eleição" como cônsul em 100 E.C., cumpre seu dever de louvar o imperador ao contrastá-lo com seu tirânico predecessor, Domiciano: "Em nenhuma parte deveríamos lisonjeá-lo como uma divindade ou um deus; não estamos falando de um tirano, mas de um concidadão, não de um superchefe supremo, mas de um pai." (2) O poder, sugere Plínio, não necessita mais da bajulação – um notável sentimento em um elogio que preenche 81 páginas. Todos os panegíricos em latim de imperadores que restaram, embora repugnantes para o nosso gosto, são valiosos pois revelam como o poder era exercido no sistema imperial – e nos leva de pronto a perguntar como nós nos comportaríamos sob um governo autocrático.

Assim, embora as técnicas da retórica tivessem sido criticadas na Antiguidade e as pessoas reconhecessem que a oratória poderia ser abusiva (como qualquer outra habilidade), elas também viam a sua importância como parte essencial da vida pública, e o ideal da liberdade de fala era prezado não menos devido às muitas ameaças que enfrentou. Finalmente, como outros capítulos deste livro deixarão claro, o papel fundamental da oratória é também evidenciado pela sua proeminência em uma gama de textos literários, onde deixa a sua marca em quase todo gênero de literatura clássica, desde (por exemplo) os extensos discursos da épica, do drama e da história até as performances altamente retóricas de sátira.

7

PASTORAL

Este capítulo examinará a invenção da poesia pastoral na metrópole urbana de Alexandria no Egito helenístico, mostrando como a sofisticação literária do gênero e a nostalgia da simplicidade rural agradavam aos instruídos poetas citadinos e seus leitores. Abordaremos também como o gênero foi transformado em Roma, na medida em que a política contemporânea e a guerra civil entraram no mundo da pastoral, rompendo seu potencial como um afastamento idealizado da, ou uma alternativa à, vida na cidade. Como era de se esperar, numa sociedade essencialmente agrícola, os poetas sempre escreveram sobre a zona rural, e podemos encontrar elementos pastorais na literatura grega muito antes de Teócrito ter formalizado o gênero em obras escritas na corte alexandrina no começo do século III a.E.C. Vimos no capítulo 2, por exemplo, o antigo poeta épico Hesíodo retratar o campo como um lugar de labuta honesta no seu didático *Os Trabalhos e os Dias*, enquanto a ênfase na área rural como um lugar de beleza e repouso, uma das marcas da pastoral como gênero, já está presente no antigo tema do *locus amoenus*, ou "lugar aprazível", que encontramos por toda literatura grega a partir de Homero em diante, especialmente na *Odisseia*, ao descrever as férteis terras dos faécios e dos ciclopes, as ilhas das sedutoras Calipso e Circe e a amada Ítaca de Odisseu.

Embora Teócrito não tenha sido o primeiro autor a escrever sobre a vida rural, foi o primeiro a compor um grupo de poemas focando na "canção bucólica" (*boukolos* significa "vaqueiro") – isto é, nas performances musicais de pastores em ambientes rurais –, assegurando por esse modo seu *status* de fundador da pastoral. Os oito poemas bucólicos de Teócrito são apenas parte de uma ampla e variada obra, mas eles têm sido sempre os mais populares e influentes de seus escritos. Assim os antigos deram o nome de "idílios" (ou *eidyllia*, significando "vinhetas") a todos os seus poemas, mas é a aplicação desse termo aos poemas pastoris em particular que nos dá o sentido atual de "idílio" ou "idílico" como um espaço de beleza rural e de tranquilidade. O cenário pitoresco, para nós, de vaqueiros, pastores e cabreiros se apresentando ou competindo com músicas e canções se baseia na realidade do antigo mundo rural, onde solitários pastores cantavam ou tocavam flautas de madeira para aliviar o enfado e, se encontrassem um colega de trabalho pelas colinas, talvez cantassem ou tocassem juntos ou competissem um com o outro. Assim, Teócrito constrói seus cantos com a feição genuína da vida rural, mas extensivamente estilizada e idealizada de modo a criar um mundo pastoral muito artificial. Diferentemente do árido e realista relato do trabalho rural de Hesíodo, essas personagens pastoris estão mais preocupadas em mostrar suas habilidades musicais ou lamentar o amor não retribuído (em geral, ambos caminham juntos).

Teócrito usa a métrica da épica para descrever conteúdos não heroicos – pastores falando um dialeto dórico rústico, às vezes entregando-se à brincadeira obscena – criando um efeito de incongruência artística destinado a encantar a sofisticada audiência alexandrina com originalidade e artifício. Ademais, o efeito não era zombar dos "rústicos", mas partilhar de seu enorme desfrute com poesia e canção. Isso é bem expresso nas linhas de abertura do primeiro poema, em que o pastor Tirsis se dirige a um certo cabreiro:

TIRSIS.

> Algo doce o cochicho do pinheiro, cabreiro, aquele
> que melodia perto da fonte, e doce também o teu
> siringeio; depois de Pã, o segundo prêmio levarás.
> Se ele escolher o bode cornudo, a cabra tu pegarás;
> se a cabra ele tomar de brinde, para ti caberá
> a cabrita, e da cabrita a carne é boa até que a ordenhes.

CABREIRO

> Mais doce, ó pastor, a tua melodia, do que a ressoante
> água, a que das pedras derrama do alto.
> Se as Musas a ovelha, como dádiva, levarem,
> um cordeiro de corte tu pegarás de brinde, e se agradar
> a elas ao cordeiro pegar, tu depois a ovelha levarás.
> (1.1-11; trad. Alexandre C.N. Magalhães.)

Em outros termos, do mesmo modo como *Os Trabalhos e os Dias* de Hesíodo e *As Geórgicas* de Virgílio tratam apenas ostensivamente de agricultura (ver capítulo 2), a pastoral de Teócrato se dedica mais à poesia e ao seu lugar na tradição poética do que a cabras ou cordeiros, não importa quão valiosos sejam. Tal "metapoesia" – isto é, reflexão poética sobre a criação e o valor da poesia em si – também se encontra em outros gêneros antigos (por exemplo, na lírica, na comédia, na elegia amorosa ou na sátira), mas ela é particularmente importante na pastoral, pois os trabalhadores rurais são ao mesmo tempo os criadores das canções.

Isso torna-se claro no poema 7, intitulado "O Festival da Colheita", cujo narrador, Simíquidas, é ele próprio compositor e *performer* de poesia bucólica. O poema conta como Simíquidas encontrara o cabreiro, Lícidas, há alguns anos na ilha de Cós. Mesmo antes de competirem na canção, Lícidas promete a Simíquidas seu próprio cajado como prêmio:

> Com o cajado te presenteio, pois és,
> segundo a verdade, todo moldado como um broto de Zeus.
> Assim, para mim, é muito odioso um arquiteto que busca
> realizar uma morada igual ao topo do monte Oromedonte,
> ou as aves das Musas, quantas diante do cantor de Quios
> vão piando e labutando em vão.
> (7.43-48; trad. Alexandre C.N. Magalhães.)

Teócrito ecoa aqui a estética de seu colega, o poeta alexandrino Calímaco, cuja preferência pela poesia erudita em pequena escala também acarretava a rejeição da bombástica épica sub-homérica (ver capítulo 1). Ademais, o cajado que Lícidas presenteia cria uma cena evocativa das prévias iniciações poéticas, como quando as musas aparecem para Hesíodo, enquanto este se encaminha com suas ovelhas ao monte Hélicon, e o inspiram a tornar-se um poeta (*Teogonia* 22-34). A combinação do manifesto literário e a investidura de Simíquidas como poeta levaram muitos a considerar o narrador como um símbolo do próprio Teócrito; mas as coisas não são tão simples assim, e há humor à custa de Simíquidas, pois, a arrogante autossegurança sobre seu próprio talento como *poeta* bucólico contrasta com a genuína conexão do cabreiro Lícidas com o ambiente rural e suas tradições.

A ligação mais convincente de Lícidas com o mundo interiorano é parte do contraste mais amplo da pastoral entre a simplicidade e a autenticidade da vida no campo, de um lado, e a sofisticação e a falsidade da vida metropolitana, de outro – ainda que, paradoxalmente esse contraste esteja expresso na poesia erudita escrita por e para poetas citadinos e suas audiências. Não é coincidência que a pastoral tenha se desenvolvido em um período da expansão urbana e na mais musical das cidades helenísticas, Alexandria. Um paralelo moderno vem à minha mente: a *Naturphilosophie* do romantismo alemão, por exemplo, e sua influência em Wordsworth, via Coleridge e outros poetas nomeados como escritores do Lake District (lago belíssimo de um parque nacional inglês), que escreveram durante o *boom* da revolução industrial no norte da Europa (*c.* 1760-1820). Assim, a ideia do mundo rural como um refúgio da vida urbana, ainda vigorando em nossas próprias fantasias utópicas de escapar para o campo, possui uma longa história, e pôde seduzir até sociedades pré-industriais.

A antiga pastoral explora uma visão tão idealizada da vida interiorana – criação de cidadãos urbanos mais do que de gente que vivia e trabalhava no campo, onde trabalhadores de classe baixa, porém satisfeitos, desfrutavam da comunhão mística com o mundo natural – Teócrito, porém, também expõe quão artificial e utópico era tudo isso. Assim, ao zombar da exagerada suavidade bucólica do poeta Simíquidas, Teócrito torna claro que se trata de um entretenimento para uma audiência urbana, incitando-nos a perguntar o que efetivamente sabe a gente da cidade acerca da zona rural, e a questionar sobre sua própria nostalgia de um antigo e simples modo de vida, agora ameaçado e perdido, mas que na realidade nunca existiu. Desse modo, a irônica distância do ideal bucólico de Teócrito salva seu trabalho de um saturado sentimentalismo que atravessa não apenas o *Lamento Por Adônis* de seu mais antigo sucessor, Bíon de Esmirna, mas de muitos outros textos e pinturas da moderna tradição pastoril europeia. Por fim, as pastorais de Teócrito focadas na vida rural são também parte de uma ampla tendência ao "realismo" na literatura e na arte helenística (essas cenas idílicas tornaram-se muito populares nas pinturas murais na Roma posterior como adorno de caríssimas "vilas"), enquanto seu elogio da tranquilidade e simplicidades rurais combina com as escolas filosóficas contemporâneas como o epicurismo, que procurava inculcar "despreocupação" e "vida simples".

Os sucessores da poesia pastoril de Teócrito, os poetas gregos Mosco e Bíon, do século II a.E.C., adaptaram motivos bucólicos aos seus trabalhos altamente refinados, baseando-se em especial no tratamento das lamentações e das agonias do amor de Teócrito, mas só foi nas *Éclogas* de Virgílio, o primeiro escrito desse autor, publicado e completado entre o início e meados dos anos 30 a.E.C., que um poeta conseguiu colocar o gênero numa direção surpreendentemente original e provocativa. Ao contrário de Teócrato, Virgílio criou uma coleção independente de poemas pastoris, de modo que aqui é a imitação e adaptação romana dos trabalhos gregos que cristalizam um gênero. O compromisso de Virgílio com a tradição pastoril fica evidente no título do original de seu livro, *Bucólicas* (canções de vaqueiro), substituído posteriormente por *Éclogas*, um termo mais suave que significa "seleções" (a partir de um grande corpo de textos). A coleção de Virgílio de dez poemas bucólicos é cuidadosamente estruturada para produzir variedade (poemas similares estão separados formal ou tematicamente) e simetria. Considerando o foco urbano da poesia de Catulo, o mais famoso poeta romano da geração precedente, a escolha da pastoral por Virgílio pode parecer até fora de moda, mas isso era parte de sua atração, uma vez que poderia exibir sua habilidade e originalidade em um gênero que nunca antes fora tratado em latim, tornando-o relevante aos romanos de seu tempo.

Virgílio conseguiu esse feito de modo espetacular ao ampliar os limites da pastoral para incluir a política contemporânea e, assim fazendo, o mundo romano todo, que estava atolado na guerra civil. Por volta da mesma época (37 a.E.C.), o erudito Marco Terêncio Varrão publicou um tratado em prosa sobre agricultura em forma dialógica, *Sobre Assuntos Rurais*, que aborda com uma ironia jocosa as nostálgicas e idealizadas imagens da Roma interiorana, mas a escolha de Virgílio da pastoral é ainda mais eficaz, uma vez que a entrada desestabilizadora da política e da guerra no idílio rural é, ao mesmo tempo, pungente e provocativa. Virgílio, desse modo, revolucionou a pastoral, transformando um gênero que havia sido sobretudo apolítico em uma profunda reflexão a respeito da guerra civil e da violência política que estavam destruindo a República.

Depois de as forças de Antônio e Otaviano terem derrotado as de Bruto e Cássio, os assassinos de Júlio César, na batalha de Filipos, em 42 a.E.C., os veteranos desmobilizados de Otaviano estabeleceram-se nas terras confiscadas através da Itália, levando a despejos forçados que tiveram um efeito desastroso na vida rural. As linhas que abrem as *Éclogas* deixam claro o tumulto resultante, quando Melibeu contrasta a perda de todos seus bens e o doloroso exílio com o feliz destino de seu amigo e pastor Títiro:

> Títiro, tu, recostando-se sob o abrigo da copada faia,
> silvestre canção compões na tênue avena;
> nós deixamos os confins da pátria e as doces lavras;
> nós fugimos da pátria: tu, Títiro, indolente na sombra,
> ensinas os bosques ressoarem a formosa Amarílide.
> (1.1-4; trad. Alexandre Pinheiro Hasegawa.)

O clima é ainda mais melancólico na Écloga 9, em que Méris deve trabalhar em um sítio que uma vez lhe pertencera, mas que agora é propriedade de um frio e inamistoso soldado. Méris explica ao seu amigo Lícidas que até mesmo o seu colega cantor, o grande Menalcas, provou ser incapaz de salvar a região com seus versos:

> Nossos versos
> valem tanto, Lícidas, entre as armas de Marte, quanto
> dizem valer as pombas da Caônia com a aproximação da águia.
> (9.11-13; trad. Alexandre Pinheiro Hasegawa.)

A "águia" é também o estandarte das legiões romanas, simbolizando a destruição pela guerra do mundo harmonioso dos pastores. Suas canções não são apenas impotentes, mas também estão desaparecentdo da memória – "já esqueci tantas canções", lamenta Méris (9.53) – e o poema termina com os dois esperando por Menalcas, levando-nos a perguntar quando ou até mesmo se algum dia ele irá retornar.

Tal como suas últimas obras posteriores, as *Geórgicas* e a *Eneida* (discutidas no capítulo 2), as *Éclogas* expressam um apaixonado desejo pela paz, mas fazem isso com menos confiança, uma vez que antecedem a emergência definitiva de Otaviano como "restaurador da República". Apesar disso, Virgílio abriu sua coleção com um poema que, a despeito de sua simpatia pelo despossuído Melibeu, ele louva um "jovem homem" (isto é, Otaviano) por restaurar a paz e a ordem no interior, enquanto a quarta Écloga antecipa o nascimento de uma criança que anunciará a volta da Idade de Ouro. O referente original provavelmente era o futuro filho de Antônio e Otávia (irmã de Otaviano), mas seu esperado herdeiro nunca nasceu e de qualquer modo o pacto entre os dois chefes militares, chancelado pelo casamento em 40 a.E.C., logo desmoronou. É possível que, ante a mudança dos tempos, Virgílio tenha revisado o poema para exprimir uma saudade abarcante pela paz e pela renovação.

Ao mesmo tempo que expande a dimensão política da pastoral, Virgílio mantinha também seu foco no amor, na natureza e no poder da própria poesia, tudo isso inspirado por Teócrito. Como no sétimo Idílio de Teócrito, a sexta Écloga incorpora uma estética alexandrina na poesia culta em pequena escala, na medida em que o próprio Apolo incita o poeta a "apascentar seu rebanho pingue, mas recitar uma suave canção" (6.4-5). Aqui, Virgílio adapta uma famosa cena das *Origens* de Calímaco, e o poema que se segue inclui a iniciação do amigo de Virgílio, Galo, como um poeta equivalente a Calímaco em habilidade e erudição. E na Écloga 10 Virgílio apresenta Galo, o grande poeta elegíaco do amor (ver capítulo 3), procurando aliviar-se da crueldade de sua amante Licóris, no descuidado mundo pastoral da Arcádia, e até tentando desistir da elegia amorosa pela poesia pastoril, mas incapaz no fim de resistir à sua paixão, uma vez que (suas palavras finais) "O amor conquista tudo: cedamo-nos também ao amor" (*omnia vincit Amor: et nos cedamus Amori*, 10.69). Assim, Virgílio celebra simultaneamente a excelência de Galo como poeta do amor enquanto anuncia seu próprio domínio do(s) gênero(s) poético(s). Sem dúvida, um sentido de movimento para novos "campos" da poesia está encapsulado nas últimas linhas do poema (e do livro), em que Virgílio se despede da pastoral, enquanto o cantor levanta-se de seu bucólico sossego sob as árvores e conduz suas cabras para casa no cair da tarde: "Vão para casa agora com suas barrigas cheias, minhas cabras, a estrela da noite está nascendo, adiante, adiante." (10.77)

Na realidade, Virgílio jamais deixou a pastoral para trás, uma vez que os motivos pastoris permeiam tanto as *Geórgicas* quanto a *Eneida*, especialmente as suas imagens traumáticas da área rural da Itália destruída pela guerra civil, tal como influenciaram a literatura augustana de um modo mais geral, uma vez que Augusto enfatizava a revitalização da vida rural pela Itália e pelo império como uma de suas muitas realizações. As poucas obras que subsistiram dos antigos sucessores de Virgílio na pastoral carecem da sutileza de sua paisagem política e literária, na medida em que as flautas de seus pastores executam agradáveis panegíricos ao imperador. A distância do poeta do idílio pastoral, e o abismo entre a "Arcádia" (mencionada apenas ocasionalmente por Virgílio, mas que depois se tornou *o* símbolo do sossego bucólico) e a realidade confusa e longe da ideal foram fundamentais para o sucesso das versões da pastoral de Teócrito e Virgílio, e as ausências dessas características conduziram, bem mais tarde, a uma literatura e a uma arte melosas na tradição bucólica. Os mais bem-sucedidos trabalhos modernos de pastoral são os que usam criticamente o abismo – por exemplo, a condenação de Milton à corrupção da igreja na sua elegia pastoral *Lícidas* (1638) –, e essas obras mostram que, nas palavras de um poeta contemporâneo famoso pela utilização da forma, a pastoral é ainda capaz de alertar sua audiência para o "desajuste que prevalece entre um mapeamento literário belamente colorido e o formato mais feio que a realidade tem assumido no mundo" (Seamus Heaney, "Ecogles *in extremis*: On the Staying Power of Pastoral"; ver também figura 7).

FIG.7: *Pastoral na paisagem do romantismo Britânico: William Blake, "Com Canções o Jovial Hinds Retorna da Colheita", uma de uma série de gravuras em madeira que ilustram* As Pastorais de Virgílio, *ed. Robert J. Thornton (Londres, 1821).*

8

SÁTIRA

Este capítulo traçará o desenvolvimento da sátira romana a partir de Lucílio, no século II a.E.C., até Juvenal, no começo do século II E.C., e mostrará como os alvos da sátira, e as *personae* adotadas para atacá-los, refletem as mudanças dos contextos sociais e políticos (da liberdade de expressão, por exemplo) na Roma republicana e imperial. Levaremos em conta, também, como a narrativa do declínio, tão popular no pensamento romano (ver capítulo 5), contribuiu para os temas dos escritores satíricos, e examinaremos em que extensão a crítica que fizeram à sociedade romana e à sua literatura reforçou normas culturais ou as desafiou.

De todos os gêneros literários discutidos neste livro, a sátira é aquele no qual o débito dos autores romanos com os predecessores gregos é menos dominante: e disso se orgulhou, de modo célebre, o professor de retórica Quintiliano: "A Sátira, em todo caso, é inteiramente nossa"

(*Instituição Oratória*, 10.1.93). Isso é, estritamente falando, uma reivindicação tendenciosa na medida em que ignora a influência das tradições gregas, especialmente as invectivas da poesia jâmbica (discutida no capítulo 3) e as ofensas pessoais e políticas da Comédia Antiga (capítulo 4) no desenvolvimento da sátira romana. Não obstante, a opinião de Quintiliano se justifica parcialmente, e de modo importante, por não haver verso grego equivalente ao verso romano satírico e, assim, a despeito de ele ocultar o fato de a sátira ter sido influenciada por elementos das formas gregas mais antigas de literatura ou ter delas incorporado elementos, sua afirmação sublinha corretamente a distinção da sátira romana e o orgulho romano por sua criação.

As raízes heterogêneas da sátira romana, sua mistura de formas (ao mesmo tempo, prosa e verso), e seu variado conteúdo (indo da paródia literária erudita ao mais vulgar xingamento), são todos sugeridos pelo próprio substantivo "sátira", que provém de *satura*, significando linguiça recheada, e, desse modo, prometendo uma forma literária abarrotada de diferentes ingredientes. Como veremos, as sátiras (especialmente as de Juvenal) estão preenchidas de diferentes tons, temas e personalidades, e elas também lidam com a ideia do consumo demasiado de todo tipo, ganância, comilança, desejo de muita riqueza e luxo. (Na sátira, você é aquilo que você come, mas com um toque moral.) E, enquanto a *satura* é distintivamente um prato romano, o nome também sugere o orgulho nacional exibido por Quintiliano na sua insistência sobre a originalidade da sátira romana.

Embora Ênio (239-169 a.E.C.) tenha escrito os primeiros trabalhos sob o título de "sátiras" (apenas poucas linhas restaram), eles são uma " miscelânea" de forma e de conteúdo, e foi Lucílio, escrevendo uma geração depois, que foi considerado pelos romanos como o verdadeiro inventor da sátira, e que moldou o gênero como uma forma de poesia caracterizada pela ofensa pessoal e pela crítica social. De seus trinta livros, restaram apenas 1300 linhas aproximadamente, mas é o suficiente para ver o quanto Lucílio foi influente. Utilizou-se de uma poderosa *persona* poética: a personagem "Eu", que regularmente se impõe e fala sobre suas próprias experiências e concepções. Ela pode também zombar de si mesma, uma vantagem para um poeta satírico, que assim se coloca menos distante e mais voltado à crítica rigorosa: desse modo, alguém afirma, "ouvimos que ele convidou alguns amigos, inclusive aquele depravado Lucílio" (fr. 929). Além disso, estabeleceu o repertório social do gênero: interessado na moralidade, atacava as pessoas por faltas morais. Além de política e sociedade, o escritor lidava com temas que seriam do interesse da aristocracia romana de seus dias: filosofia, literatura, amizade, até como falar corretamente, e (sugerida por uma passagem de Catão, o Velho: ver capítulos 1 e 6) ridicularizava os pretenciosos romanos que se utilizavam de termos gregos, quando os latinos seriam suficientes. "Além disso, dissemos solenemente *les pieds de divan* e *les lampes*/em vez de apenas *pernas de sofá* e *lâmpadas*." (Frs. 15-16.)

Lucílio foi também o responsável por fazer do hexâmetro experimentado uma variedade de outras métricas antes de tê-lo finalmente estabelecido. O hexâmetro estava previamente associado à épica, de modo que isso era uma coisa deliberadamente jocosa e subversiva de se fazer, na medida em que ele estava usando a métrica associada à mais alta forma de poesia, a épica, que abordava deuses e as grandes ações dos maiores heróis, em um gênero interessado no injurioso, no mundano e nos menos saudáveis aspectos da vida humana. Para os romanos posteriores, especialmente os satiristas, Lucílio incorporava também o princípio da *libertas*, isto é, da liberdade de criticar homens poderosos de seu próprio tempo. Isso deveu-se tanto à sua própria posição (sua família era rica e de *status* senatorial) e à de seus poderosos patronos, quanto à liberdade republicana, porém satiristas ulteriores, escrevendo em tempos mais turbulentos ou opressivos, reconhecem todos eles a própria inabilidade em serem tão francos.

Há um paralelo entre a liberdade de expressão de Lucílio e o ataque de Catulo aos políticos contemporâneos como César nos anos 60-50 a.E.C. (capítulo 3). Mas diferentemente de Lucílio e de Catulo, Horácio, o próximo maior satirista romano, que escreveu nos caóticos anos 30 a.E.C., carecia tanto de alto *status* social como de uma atmosfera de livre debate público. Horácio contrasta sua própria situação com a época mais livre de Lucílio, mas seu anseio pela liberdade republicana é incompreensivelmente silencioso e ele prefere deixar a política para os especialistas, uma forma de quietismo que pode parecer um tanto anêmica quando comparada com Lucílio e Catulo. Entretanto, é fácil censurar Horácio por se adaptar às novas condições políticas; mais interessante é ver como ele transforma em positivos os mais restringidos parâmetros da sátira. Horácio, assim, explicitamente, distingue o seu estilo da sátira do de Lucílio, alegando que a poesia de seu grande predecessor é realmente prolixa e mal-acabada, enquanto a sua seria concisa e elegante.

É verdade que eu disse que os versos de Lucílio corriam com passo desajeitado. Quem é tão irracionalmente favorável a Lucílio que não reconheça isso? (Horácio, *Sátiras*, 1.10.1-3; trad. Pablo Schwartz.)

Horácio enfatiza as boas maneiras mais do que a vulgaridade e as injúrias; suas sátiras são ainda bem-humoradas e moralistas, porém numa forma mais gentil e de um modo autodepreciativo e com muito menos agressões óbvias. Ecoando os ataques de Lucílio às luxúrias e à decadência, as *Sátiras* de Horácio desejam ensinar os benefícios da moderação e da autossuficiência, mas o fazem de forma mais comedida.

Pérsio, o terceiro dos grandes escritores satíricos romanos, que escreveu sob o regime do imperador Nero (dos anos 50 até os inícios dos anos 60 E.C.), adotou a ultrajada *persona* de Lucílio, e se descreveu como homem jovem e raivoso que rejeita a sociedade contemporânea e seus valores. Como convém a qualquer jovem que se preza, ele se apresenta como um estudante que acorda tarde e com ressaca (Sátira 3). Em linguagem difícil e compacta, Pérsio ilustra os benefícios das explicações filosóficas sobre o vazio espetáculo da política imperial ou da cena literária contemporânea, desmascarando o clichê da inspiração poética ao declarar em seu prólogo que os poetas estão nessa hoje só por dinheiro:

Se de pérfido dinheiro tiver fulgurado a esperança, podes acreditar que corvos poetas e poetizas matracas cantavam o néctar de Pégaso. (12-14; trad. Bianca Fanelli Morganti.)

Em contraste à maleável *persona* de Horácio, Pérsio é frio e não sabe perdoar, e sua ira é sobrepujada apenas pelo maior dos satiristas romanos, Juvenal, que escreveu cinco livros de sátiras (16 poemas, no todo) nas primeiras décadas do século II E.C.

A postura de Juvenal, como satirista, é aquela do contar as coisas como são, cortando todas as mentiras e hipocrisias e falando a verdade, pois quanto mais chocante e desagradável, melhor. Não obstante, ele também, como Horácio e Pérsio, não se atreveu a atacar figuras públicas contemporâneas: em vez disso, seus alvos eram ou tipos estranhos estereotípicos (gente de fora, criminosos etc.) ou pessoas do passado, especialmente do reinado do imperador Domiciano (de 81 a 96 E.C.), com a segurança de que este já havia morrido e foi o último de sua dinastia, ele que também era um bicho papão para o historiador Tácito (capítulo 5) e outros escritores dos primórdios do século II E.C. como Plínio (ver capítulo 6 em seu *Panegírico*). Na Sátira de abertura, Juvenal configura-se como uma figura de Lucílio, um guerreiro irado que vai atacar o que necessita, não considerando os riscos, apenas para atenuar bastante essa imagem no fim do poema, onde admite que assumirá uma estratégia segura e atacará apenas pessoas mortas:

> "Pensa contigo, portanto,
> antes de as tubas soar: de elmo posto é já tarde, da guerra,
> pra arrepender-se". Que eu tente o que possa então contra
>   aqueles
> de cujo pó jaz em cima a Flamínia e a estrada Latina.
> (1.168-171; trad. Rafael Cavalcanti do Carmo.)

Isso é estranhamente anticlimático, mas é deliberado, uma vez que não só parodia a tendência dos escritores contemporâneos de se enfurecerem acerca do passado, mas também, ao apresentar figuras do passado como ameaças atuais, sugere que o passado e o presente estão de fato profundamente interconectados. Em outros termos, o passado político não é simplesmente um alvo seguro porque todo mundo está morto, mas, antes, ele e suas falhas são o caminho para o entendimento dos problemas correntes da sociedade.

Juvenal é indubitavelmente a mais importante figura no desenvolvimento da sátira, porquanto foram seus trabalhos (em especial as Sátiras 1 a 6), com seu foco na corrupção moral e política e na simultânea hipocrisia dos moralistas e políticos, que mais atuaram para moldar ideias modernas e expectativas da sátira como um gênero. Em resumo, é graças a Juvenal que pensamos na sátira como, acima de tudo, política (no sentido mais amplo), raivosa e engraçada. O potencial cômico da *persona* indignada de Juvenal é evidente na Sátira 1, na qual finge transformar a ira na própria fonte de sua poesia: "se o talento natural falta, então a indignação irá gerar o meu verso" (1.79). Boa parte dos temas das sátiras de Juvenal nos é familiar, a partir do que veio antes. O satirista lida com valores sociais e morais, quer avisando como alguém deveria viver, quer atacando as pessoas que em sua própria visão atuam erradamente. Isso não está limitado estritamente à política: pois, por exemplo, a análise de Juvenal da corrupção de Roma e da vida na cidade na Sátira 3, ou da mulher e da vida familiar na Sátira 6, baseia-se em elementos morais, sociais e filosóficos encontrados em Lucílio, Horácio e Pérsio.

Os alvos das *Sátiras* de Juvenal criam uma posição moral claramente conservadora: ele e seus narradores não gostam do influxo de arrivistas estrangeiros e querem mais respeito pelos cidadãos romanos pobres, mas nascidos livres:

> Pra resumir, não foi mouro ou sarmácio, bem menos um trácio
> que asas vestiu, mas um homem no centro nascido de Atenas.
> E eu não fugir dessa gente de púrpura? Antes de mim
> vai assinar e num leito melhor do jantar reclinar-se,
> vinda até Roma com o, figos e ameixas que traz, mesmo vento?
> Ainda de nada valeu-me a infância que eu tive uma brisa
> ter do Aventino sorvido e nutrido-se em frutas Sabinas?
> (3.81-85; trad. Rafael Cavalcanti do Carmo.)

Juvenal deplora aquilo que vê como a ruptura do vínculo entre o patrono e o cliente, uma das pedras angulares da sociedade romana:

> Deixam as entradas dos fóruns uns velhos e exaustos clientes
> pondo de lado os desejos, embora a maior, de uma janta,
> seja a esperança de um homem; uns míseros caules e fogos
> deve comprar. O melhor da floresta enquanto isso e dos mares
> vai devorar seu senhor e, com leitos vazios, deitar-se.
> (1.132-136; trad. Rafael Cavalcanti do Carmo.)

E seus narradores estão preocupados com a mobilidade social e com a ideia de que os tipos de pessoas que agora se tornam *equites* (cavaleiros) não são mais o que costumavam ser:

> Vai dizer "Pule fora",
> se tem vergonha e do assento levante-se qualquer equestre
> cujos pertences a lei não alcançam, e aqui se acomode
> do proxeneta o menino – o que importa o puteiro em que fez-se?
> Aqui bata palmas do nítido arauto o filhinho, este em meio,
> do gladiador, aos espertos rapazes e aos do treinador."
> (3.153-158; trad. Rafael Cavalcanti do Carmo.)

Ele também não aprova a decadência moderna, seja dos homossexuais da Sátira 2, das mulheres libertinas da Sátira

6, ou dos suntuosos banquetes das Sátiras 4 e 5. Assim, a concepção moral das *Sátiras* de Juvenal é deveras consistente: o autor encara a sociedade moderna como devassa e corrupta e toma o partido dos cidadãos romanos pobres nascidos livres, muitas vezes alguém cuja família decaiu de nível no mundo.

Nessa descrição, Juvenal não parece nada engraçado – na realidade, o seu texto soa como um editorial do jornal inglês *Daily Mail*: reacionário, moralista e bombástico. Porém, essa descrição ignora uma porção de sutilezas no modo como Juvenal realmente expressa esses ataques – pois ele, em geral, estabelece situações que nos levam a questionar a realidade ou a sinceridade dos ataques feitos, e, assim, nos deixa inseguros de quem devemos rir. Na Sátira 3, por exemplo, somos levados a questionar a confiabilidade do narrador, Umbrício, amigo de Juvenal (cujo nome, "Sr. Sombra", é significativo), que está abandonando Roma enojado. Após uma longa lista de queixas sobre a imoralidade dos gregos e, em particular, sobre sua talentosa capacidade de bajular, Umbrício conclui:

> Não há lugar a Romano nenhum por aqui, onde reina
> Qualquer Protógenes, ou algum Dífilo ou mesmo um
>   Hermarco,
> que, pelo vício da raça, jamais compartilha um amigo,
> tendo-o sozinho, pois quando, solícita, infuso na orelha
> algo de exíguo do seu natural e do pátrio veneno,
> porta pra fora me botam, perdendo-se os anos de longa
> dedicação; nunca alhures se chuta assim fácil um cliente.
> (3.119-125; trad. Rafael Cavalcanti do Carmo.)

Mas a queixa de Umbrício sobre isso não se refere ao fato de os gregos serem bajuladores mentirosos *per se*, é que eles são melhores nisso do que ele. Em outras palavras, Umbrício se lamenta de que se sentia feliz passando o seu tempo como "escravo" (i.e. bajulando e servindo) de um homem rico, até que os gregos o superaram pelo dom das palavras, tornando, assim, seus préstimos redundantes.

Longe de ser um guardião dos bons e antiquados valores romanos, Umbrício é revelado como um tipo um tanto hipócrita que é simplesmente invejoso e amargo por ter perdido sua posição, e então ataca os estrangeiros cujas qualidades e cujo sucesso inveja.

Podemos ver um efeito alienante similar no excesso com que a própria *persona* raivosa de Juvenal ataca seus alvos. Na Sátira 6, por exemplo, a diatribe de Juvenal contra as mulheres é desfeita por seu completo sensacionalismo. As duas mulheres, Túlia e Maura, não são apenas retratadas como adúlteras ou fraudulentas (crítica padrão da poesia misógina), mas Juvenal, ao contrário, traz à mente a grotesca imagem delas urinando, literalmente, no altar da Castidade e depois fazendo sexo lésbico sobre a própria urina (6.309-313). Tais passagens nos fazem rir tanto da própria *persona* satírica, pelas visões absurdas que defende, como dos alvos de seu abuso.

Assim, nas *Sátiras* de Juvenal os árbitros da moralidade são amiúde expostos como hipócritas ou ridículos, figuras excessivas por direito próprio. O narrador é hilário, mas também repelente ao mesmo tempo, criando um efeito perturbador, por intermédio do qual nos sentimos desconfortáveis ao rir junto com ele. Cabe comparar com os modernos comediantes que lidam com tópicos controvertidos de um modo provocativo ou deliberadamente ofensivo, de modo que nós, a audiência, nos sentimos incomodados em rir de suas piadas. Destarte, as *Sátiras* de Juvenal atuam em mais de um nível: o leitor ingênuo poderá ver confirmadas suas crenças e preconceitos, especialmente quando os alvos são grupos fáceis (o corrupto ou o parasita) ou os grupos marginais (estrangeiros, homossexuais, mulheres). Ou, ainda, ele pode se identificar na *persona* ordinária de Juvenal, em especial na sua defesa do romano honesto e decente que está preocupado com seu lugar na sociedade. Mas o moralista ultrajado se apresenta, em geral, nada melhor do que a gente que ele critica. O narrador pouco confiável de Juvenal é, pois, um desafio para o leitor ou leitora perceber seu próprio autoengano e hipocrisia. Notória é a sentença de Jonathan Swift que afirma: "A sátira é uma espécie de vidro em que os observadores geralmente descobrem a face de todos, exceto a sua própria" (Prefácio de *A Batalha dos Livros*, 1704), e a constante mudança dos alvos da sátira por Juvenal prova que devemos ter cuidado ao zombarmos de alguém, caso nos encontremos igualmente sujeitos a abusos.

Finalmente, devemos nos lembrar de não sermos muito severos com Juvenal, ou qualquer outro escritor cômico, já que ele pretende tanto entreter como criticar a sociedade (tal qual os modernos comediantes políticos), e sua inteligência e *timing* cômico são brilhantes. Um último exemplo, para encerrar, da Sátira 3 sobre os perigos da vida na cidade grande será suficiente (e serviu de modelo para Samuel Johnson escrever *London*, em 1783):

> De tão mísero, tão solitário, o que vimos que não
> mais possas crer que horrorize, que incêndios, colapsos de teto
> sempre frequentes e outros milhares de riscos ferozes
> desta cidade e os, de Augusto no mês, recitantes poetas?
> (3.6-9; trad. Rafael Cavalcanti do Carmo.)

9

ROMANCE

Neste capítulo final trataremos do romance antigo, um parente tardio da literatura grega e latina, mas um testamento da inovação e do dinamismo que caracterizam a tradição clássica em toda a parte. Começando com os cinco exemplos do romance grego que chegaram até nós, que datam da primeira metade do século I E.C. em diante, consideraremos o apelo popular de seus motivos típicos de amor e aventura e acompanharemos a crescente sofisticação de suas técnicas narrativas. O capítulo também examinará como os valores sociais e políticos incorporados nas prosas de ficção gregas estão relacionados com suas audiências, tanto gregas quanto romanas, sob o domínio imperial romano. Como veremos, a manipulação e a paródia das convenções genéricas encontradas nos romances gregos é ainda mais central nos romances latinos de Petrônio e de Apuleio, cujas obras ilustram bem (de novo) a crucial habilidade dos autores romanos para reformular a tradição literária de um modo característico.

Embora o nosso foco seja o romance grego e romano, cabe enfatizar que havia muitos tipos diferentes de prosa de ficção na Antiguidade – de cartas ficcionais e biografias até contos quiméricos e viagens fantásticas. Assim, a capacidade da prosa narrativa ficcional em assumir várias formas no mundo moderno (das novelas de detetive ao romance, das novelas históricas à ficção científica e outras) continua sendo um traço da literatura clássica. Antigos leitores não tinham um nome específico para o romance como um gênero, visto que ele se desenvolveu depois do período de formação da classificação dos gêneros na Alexandria helenística (ver capítulo 1). Mas, a despeito da falta de uma denominação antiga, podemos ainda ver semelhanças familiares e estabelecer convenções nos textos sobreviventes, e modernos estudiosos reservam o nome "romance" para essas sete obras em prosa de ficção – cinco gregas e duas latinas – que se distinguem pelo foco romântico dos romances gregos e o estilo cômico-realista dos latinos.

O romance grego antigo, como o romance europeu moderno a partir de *Dom Quixote* (1605-1615) em diante, era um gênero onívoro, incorporando elementos de muitas e diferentes formas literárias, incluindo a épica (especialmente a *Odisseia* de Homero, com seus exóticos contos de aventura) e o drama (em particular, o "felizes para sempre", embora frustrados, dos casos de amor da Comédia Nova), mas também adaptando influências das culturas do Egito e do Oriente Próximo. Com exceção de *Dáfnis e Cloé*, um idílio pastoral de Longo, os textos subsistentes apresentam um número de tramas com feições típicas onde um casal de jovens bem-nascidos se apaixonam, porém, em seguida, são separados e submetidos a vários perigos até, finalmente, se reunirem. Os temas principais do gênero são bem resumidos numa passagem de um exemplo anterior do livro *Quéreas e Calírroe* de Cáriton de Afrodísias (da metade do século I E.C.) em que o narrador no prefácio do oitavo e último volume promete aos seus leitores um final feliz:

Estou convicto que este último livro será o mais agradável para os leitores, já que eliminará as tristezas dos primeiros. É o fim de piratas, servidão, julgamento, querela, suicídio, guerra e prisão! É a vez de amores justos e casamentos legítimos.
(8.1; trad. Adriane da Silva Duarte.)

Seria um erro desconsiderar tais enredos como formulares, todavia, uma vez que as antigas audiências, claramente, se divertiam com tais padrões (tal qual os leitores do moderno gênero de ficção), enquanto o interesse e a perícia de cada obra jazem em parte na sua habilidade em ressoar as mudanças nos temas populares e familiares do gênero: amor à primeira vista, rapto por piratas, tempestades e naufrágios, prisões, ameaças à vida e à castidade, reconhecimentos de última hora e casamento feliz.

A técnica do "Querido leitor" utilizada por Cáriton em *Quéreas e Calírroe* lembra-nos que o jogo autoconsciente com as expectativas literárias da audiência é uma característica do gênero desde o início – um ponto importante, uma vez que a sofisticação literária do romance grego, e romano, sugere um público leitor educado. (Críticos antigos ignoravam o romance por ser um gênero "inferior", mas isso em nada prejudicou a sua popularidade com respeito aos leitores. Podemos compará-los aos modernos leitores que apreciam tanto um título "aclamado pela crítica", como um *best-seller* ou um livro considerado de literatura menor). Na obra de Xenofonte de Éfeso (da primeira metade do século II E.C.), *Ântia e Habrócomes*, encontramos um *thriller* de ações aceleradas, com um episódio atrás do outro cheio de suspense, como quando a heroína é enterrada viva, mas, depois, "resgatada" por ladrões que arrombam sua tumba em busca de um tesouro. Em Aquiles Tácio (segunda metade do século II E.C.), a história de *Leucipo e Clitofonte* é narrada pelo próprio Clitofonte ao escritor, sendo um exemplo único de uma narrativa em primeira pessoa nos romances gregos (os outros são na terceira pessoa), fato que cria, engenhosamente, ironia e tensão, uma vez que partilhamos da visão limitada que o protagonista tem dos eventos, tal como quando ele (e nós) acredita (acreditamos) que Leucipo tinha sido assassinada e se verifica que tudo está bem – embora o fato de Aquiles usar essa cena três vezes sugira que ele esteja zombando do expediente da trama da morte aparente utilizada em outros romances.

Dáfnis e Cloé, de Longo (fim do segundo e início do século III E.C.), faz uma fusão entre o romance romântico com a poesia pastoral de Teócrito (ver capítulo 7), quando os jovens protagonistas se encontram e se apaixonam como pastores na ilha de Lesbos, e mesmo quando descobrem ao acaso que são filhos de ricos cidadãos da cidade, retornam, após sentirem o gostinho da cidade grande, para casar e construir uma família no seu bucólico paraíso. No mais recente e maior dos romances gregos, *Claricleia e Teágenes*, de Heliodoro (em dez volumes, do século III ou IV E.C.), a narrativa é manipulada com particular virtuosidade. Heliodoro mergulha o leitor *in medias res*, enquanto a história começa com uma cena chocante e misteriosa – em uma praia egípcia coberta de corpos e despojos, uma bela mulher sobrevivente cuida do companheiro ferido – e só depois de vários livros de bastidores excitantes (como na *Odisseia* de Homero) é que entenderemos como os protagonistas acabaram naquele apuro.

Tal qual suas modernas contrapartes, os romances antigos oferecem aos seus leitores um modo de escapar do mundo e de se entreter, mas a natureza desses mundos ficcionais gregos é reveladora: a cena é, em geral, o passado clássico, por exemplo, e não há romanos em parte alguma, mesmo quando o cenário é o do império. Assim, como os mundos de fantasia e utopia da Comédia Antiga grega (capítulo 4), o "escapismo" das novelas é política e culturalmente carregado, concentrado na nostalgia grega por um tempo de independência política – partilhada pelas comunidades "gregas" (no sentido de falantes do grego) do império inteiro, sejam elas egípcias, sírias, judaicas... – e na admiração romana pela herança cultural da Grécia.

O foco dos romances no idealizado amor romântico é também significativo no que revela sobre as políticas sexuais: heroínas deveriam se manter virgens até o casamento, seus amados companheiros ocasionalmente sucumbiam à tentação. No livro de Longo, *Dáfnis e Cloé*, somos testemunhas da educação sexual dos jovens e ingênuos pastores (Dáfnis com quinze anos e Cloé com apenas treze), incluindo a iniciação sexual de Dáfnis por uma mulher mais velha e casada da cidade, e há ainda muito humor no voyeurismo das fracassadas tentativas dos adolescentes em fazer amor "como carneiros fazem com ovelhas e bodes com cabras" (3.14). A "inocência" pastoral do campo é combinada com a rusticidade dos protagonistas (de novo, mais uma fantasia urbana: ver capítulo 7). Como no antigo romance inglês, a trama do romance grego gira tipicamente em torno do casamento e amiúde são as heroínas inteligentes e espirituosas que mais impressionam o leitor e levam a trama à sua feliz conclusão. Os homens ainda acabam por cima, mas são punidos quando desonram sua respeitável esposa, como no *Quéreas e Calírroe* de Cáriton, por exemplo, quando o ciumento Quéreas enche de pontapés sua esposa grávida, pensa tê-la matado e acaba como um escravo (mas não nos preocupemos: eles viveram felizes para sempre...).

Os romances romanos mais importantes que chegaram até nós, o *Satíricon* de Petrônio (*c.* anos 50 e 60 E.C.) e as *Metamorfoses* ou *O Asno de Ouro* de Apuleio (*c.* anos 150 e 180 E.C.) pressupõem um público leitor familiarizado com o que se tornaria o padrão típico de história do romance romântico grego, mas cada um deles levou o gênero em uma direção distintamente original. Petrônio é muito provavelmente o político e o "árbitro da elegância" (*elegantiae arbiter*, como Tácito o nomeou) na corte de Nero, que foi forçado a cometer suicídio em 66 E.C.

quando um capanga leal de Nero, Tigelino, tomado de grande inveja pela sua influência, o denunciou. Tácito descreve como esse Petrônio se recusou a morrer à maneira estoica, mas gastou suas últimas horas ouvindo poesias frívolas e, então, expôs detalhes da devassidão de Nero em seu testamento (*Anais* 16.18-19). Em todo caso, um espírito similarmente irreverente e paródico apresenta-se de modo evidente no *Satíricon*, que se utiliza de muitas formas de literatura que estavam sendo escritas no período de Nero (incluindo a épica, a tragédia, os tratados filosóficos e a sátira) para criar um romance que é ao mesmo tempo uma engenhosa colagem genérica e uma mordaz crítica hilariante da sociedade romana contemporânea.

O romance de Petrônio era originalmente muito comprido (talvez com vinte volumes), mas restaram apenas fragmentos. Esses, apesar disso, estão cheios de incidentes e descrevem aventuras picarescas de Encólpio, que é também o narrador, enquanto viaja ao redor da glamorosa baía de Nápoles e pelos antros mais desprezíveis do sul da Itália com seu namorado (infiel) Gitão em busca da *dolce vita* e de um jantar gratuito. A paródia de Petrônio das convenções da trama romântica é uma técnica repetida nas primeiras etapas do romance inglês: *Joseph Andrews* de Henry Fielding (1742), por exemplo, se anuncia como um "romance cômico" e começa como uma paródia do livro de Samuel Richardson, *Pamela* (1740). Debates acerca de retórica, declamação poética, rixas de amantes, orgias bissexuais – tem de tudo para todo gosto na narrativa livre e despreocupada do *Satíricon* (ver figura 8)

A temática obscena é sinalizada pelo título, *História dos Sátiros*, que evoca as bestiais criaturas, perenemente com tesão, do mito grego. Como os sátiros, Encólpio e seus amigos vivem o momento e são escravos do prazer sensual. Mas o impulso satírico é também comicamente esvaziado, quando Encólpio (cujo nome, "Sr. na Virilha", lhe cai bem) perde o tesão, a despeito das atenções de uma ninfomaníaca maravilhosa ("Circe", evocando a

160

FIG. 8: *Pintura mural de um bordel de Pompeia com um jovem homem e uma prostituta (século I E.C.). O narrador de Petrônio frequentava esses estabelecimentos tantas vezes quanto podia.*

sedutora da *Odisseia* de Homero), levando-o a ameaçar o seu próprio pênis com a castração e a dirigir-se a ele com uma ira falsamente heroica: "É isto o que eu mereci de você: quando estou no céu, você deveria me puxar para o inferno?" (132) Mais tarde, Encólpio põe a culpa de sua impotência na "terrível ira" do fálico deus Príapo (139), parodiando os deuses hostis da épica. Do mesmo modo, numa cena anterior, a bordo do navio de Licas ("Capitão Boquete"), o disfarçado Encólpio é reconhecido por suas genitálias, uma descoberta que ele próprio compara à famosa cena de Homero na *Odisseia*, em que o herói é reconhecido por uma cicatriz deixada por uma caçada (105). Pênis à parte, o título *Satíricon* também alude ao gênero romano da sátira (*satura*), cuja influência

161

irreverente é clara em muitos episódios, especialmente no banquete exagerado e insípido oferecido por Trimalquião, para o qual Encólpio e seus amigos conseguem um convite.

"O Banquete de Trimalquião", o episódio mais longo que restou do romance, é um *tour de force* de comédia de classe e sátira social. Trimalquião, um ex-escravo e milionário que se fez por si mesmo, procura impressionar servindo uma variedade fantástica de pratos, mas sua grosseira exibição de riqueza só é igualada por sua ignorância em relação à cultura e à etiqueta, enquanto falseia a mitologia grega – "Eu tenho uma tigela em que Dédalo aparece trancafiando Niobe no Cavalo de Troia" (52) – e dá palestras aos seus convidados sobre os perigos de segurar os seus gases:

"Acreditem em mim, se se prende o vapor que quer sair e ele vai para o cérebro, isso causa um tumulto no corpo inteiro. Eu sei de muitos que se colocaram em grandes dificuldades, porque não quiseram reconhecer esse fato incontestável." Nós agradecemos sua generosidade e complacência e, logo após, contivemos o riso com aquelas bebidinhas servidas sem interrupção. (47; trad. Sandra Braga Bianchet.)

O desprezo do narrador Encólpio pela vulgaridade do novo rico Trimalquião reflete as preocupações dos romanos contemporâneos com a mobilidade social de ex-escravos, mas o leitor não é simplesmente encorajado a zombar de Trimalquião, pois o jeito esnobe de Encólpio (ele mesmo um ladrão e parasita) é também satirizado. Assim, o episódio apresenta uma mordaz e hilariante crítica do materialismo, da riqueza, e das classes sociais na Roma contemporânea, não apenas ridicularizando a corrupção e a decadência da sociedade sob Nero, na qual todos brigam por dinheiro, sexo e poder, mas também espicaçando as pretensões daqueles que, como o grego hipócrita Encólpio, assumem um ar de superioridade moral ou social. Por isso o *Satíricon*, como muitos dos grandes romances cômicos, é, sem dúvida, uma obra-prima de penetrante análise social.

A amplitude literária e a virtuosidade do *Satíricon* de Petrônio são equiparados pelos do romance de Apuleio, cujo título original era *Metamorfoses*, embora seja conhecido mais popularmente por *O Asno de Ouro* (nome dado por Agostinho em *Cidade de Deus*, 18. 18). Apuleio nasceu por volta de 125 E.C., em Madaura (hoje, Argélia), e seu ambicioso trabalho (onze livros) é o único romance romano que remanesceu inteiro. O narrador, um grego chamado Lúcio, nos relata como foi acidentalmente transformado em um asno, enquanto bisbilhotava segredos da magia. Ele então relata suas aventuras frequentemente obscenas (e muitas outras que ouviu com suas enormes orelhas de asno) que enfrentou ao passar de um dono trapaceador a outro, até retornar, finalmente, à forma humana graças à deusa Ísis e se converter a seu culto. Entre as muitas histórias inseridas no enredo principal, a mais longa e famosa é a de Cupido e Psiquê (4.28-6.24), na qual a curiosidade de Psiquê (para ver seu divino amor) leva a muitas andanças e sofrimentos que terminaram apenas com a intervenção divina – em paralelo com a própria história de Lúcio.

Como sucede com Encólpio no *Satíricon*, Lúcio/o asno fica muitas vezes chocado ou desnorteado com o que lhe acontece, gerando grande parte de comédia, e a combinação de atrevimento com elementos místicos-filosóficos das *Metamorfoses* constitui uma de suas características mais originais e de entretenimento. Assim, por exemplo, quando uma mulher rica vê Lúcio/o asno realizando truques em um espetáculo itinerante, encanta-se e com ele faz sexo, dando ao seu proprietário a brilhante ideia de que o asno poderia fazer o mesmo com uma prisioneira numa arena diante de um público pagante. Mas Lúcio foge e reza à Rainha do Céu, que lhe aparece na forma de Ísis e o instrui tanto em como retomar a forma humana (ao comer rosas espalhadas no dia seguinte ao de uma procissão em sua honra) e em como dedicar sua vida a ela.

A jornada não convencional do narrador rumo ao esclarecimento e à salvação tem, no entanto, uma reviravolta final, quando Lúcio revela ser o próprio Apuleio (11.27), uma brilhante metamorfose literária do narrador em autor, que brinca com o próprio ato de escrever ficção, em que o autor cria a identidade da personagem fictícia. (De novo, pode-se comparar com *Joseph Andrews* de Fielding, em que Joseph revela ser o filho há muito perdido do senhor Wilson, cuja vida lembra a do próprio Fielding.) Assim, essa não é a honesta marcha do peregrino a pretender converter o leitor aos cultos dos mistérios de Ísis e Osíris, e o fim bem-humorado nos leva de volta ao espírito do Prólogo do romance, que nos diz: "Leitor, preste atenção à história; você se deleitará com ela." A despeito disso, o último livro das *Metamorfoses* aponta para o genuíno interesse das audiências pagãs do século II E.C. nos cultos que prometiam uma libertação do jugo da carne e uma abençoada vida após a morte, e nos lembra que outro culto dessa espécie estava então surgindo no Oriente e um dia se difundiria pelo império.

epílogo

Naturalmente, não se pode cobrir tudo o que vale a pena mencionar acerca da literatura clássica em uma *concisa introdução* – ou mesmo em uma maior – mas tentei mostrar que essa literatura está longe de ser enfadonha ou irrelevante, e que seus melhores trabalhos permanecem como sempre divertidos e provocativos. No meu início está o meu fim (para citar um clássico moderno), e assim permita que a última palavra sobre o poder da literatura seja a de Homero, descrevendo os efeitos da canção do aedo Demódoco sobre a destruição de Troia pelos gregos:

> Canta o cantor ilustre, e o herói [Odisseu] se desfazia
> em pranto, o rio de lágrimas rolando à face.
> Mulher que chora sobre o corpo do marido
> amado, morto diante da cidade, quando
> a tétrica jornada o retirava da urbe,
> dos seus, a ela que em luta o viu morrer, caindo
> sobre seu corpo, estridulando em pranto, e adversos
> remetem lança na omoplata, bem na nuca,
> e escravas a removem, só fadiga e dor,

e o indizível sofrimento fana a face,
tal qual o herói, indescritível, pranteava.
(*Odisseia* 8. 521-531; trad.Trajano Vieira.)

LEITURAS ADICIONAIS

Esta é uma lista altamente seletiva, limitada a livros em inglês; bibliografias mais detalhadas são fornecidas nas obras sugeridas ou podem ser encontradas na seção relevante de Simon Hornblower, Anthony Spawforth e Esther Eidinow (eds.), *The Oxford Classical Dictionary*, 4. ed., Oxford: Oxford University Press, 2012.

TRADUÇÕES

Traduções excelentes e atualizadas das obras discutidas neste livro estão disponíveis nas seguintes séries:

The World's Classics (Oxford University Press)
<http://www.oup.co.uk/worldsclassics> The Penguin Classics (Penguin Books)
<http://www.penguinclassics.co.uk>
Greek and Latin texts with a facing English translation: The Loeb Classical Library (Harvard University Press)
<http://www.hup.harvard.edu>

HISTÓRIA, GÊNERO, TEXTO

HISTÓRIA DO MUNDO CLÁSSICO

S. Price and P. Thonemann, *The Birth of Classical Europe: A History from Troy to Augustine* (London, 2011).

ONDE TUDO ACONTECEU

R.J.A. Talbert (ed.), *Atlas of Classical History* (London, 1985).

A IMPORTÂNCIA DO GÊNERO

A. Fowler, *Kinds of Literature:An Introduction to the Theory of Genres and Modes* (Oxford, 1982).

ANTIGOS CRÍTICOS DE LITERATURA CLÁSSICA:

D.A. Russell and M. Winterbottom (eds.), *Classical Literary Criticism* (Oxford, 1989).

SOBRE A TRANSMISSÃO DOS TEXTOS CLÁSSICOS

L.D. Reynolds and N.G. Wilson, *Scribes and Scholars: A Guide to the Transmission of Greek and Latin Literature*, 3rd edn. (Oxford, 1991).

O IMPACTO DO CRISTIANISMO

R. Lane Fox, *Pagans and Christians* (London, 1986).

NOVAS DESCOBERTAS DA PAPIROLOGIA

P. Parsons, *City of the Sharp-Nosed Fish: Greek Lives in Roman Egypt* (London, 2007).

ÉPICA

O GÊNERO

J.B. Hainsworth, *The Idea of Epic* (Berkeley, 1991).
Homer's Iliad: W. Allan, *Homer: The Iliad* (London, 2012).

ODISSEIA

J. Griffin, *Homer: The Odyssey*, 2nd edn. (Cambridge, 2004).

VARIAÇÕES HELENÍSTICAS

R.L. Hunter, *The Argonautica of Apollonius: Literary Studies* (Cambridge, 1993).

PRIMEIROS ÉPICOS LATINOS

S.M. Goldberg, *Epic in Republican Rome* (Oxford, 1995).

ENEIDA DE VIRGÍLIO

K.W. Gransden, *Virgil: The Aeneid*, 2nd edn. (Cambridge, 2004).

OVÍDIO E A TRANSFORMAÇÃO DO ÉPICO

E. Fantham, *Ovid's Metamorphoses* (Oxford, 2004).

LUCANO E A GUERRA CIVIL

J. Masters, *Poetry and Civil War in Lucan's Bellum Civile* (Cambridge, 1992).

HESÍODO E A IMAGEM SOMBRIA DO MUNDO

J.S. Clay, *Hesiod's Cosmos* (Cambridge, 2003).

LUCRÉCIO E O SEU UNIVERSO EPICURISTA

D. Sedley, *Lucretius and the Transformation of Greek Wisdom* (Cambridge, 1998).

A POESIA E A POLÍTICA NAS GÓRGICAS DE VIRGÍLIO

L. Morgan, *Patterns of Redemption in Virgil's Georgics* (Cambridge, 1999).

170

LÍRICA E POESIA PESSOAL
POESIA LÍRICA GREGA
D.E. Gerber (ed.), *A Companion to the Greek Lyric Poets* (Leiden, 1997).
Vieira, Trajano. *Lírica Grega* (Perspectiva, 2017)

VINHO, CANÇÕES, SEXO E POLÍTICA
O. Murray (ed.), *Sympotica: A Symposium on the Symposion* (Oxford, 1990).

PÍNDARO E SEUS PATRONOS
L. Kurke, *The Traffic in Praise: Pindar and the Poetics of Social Economy* (Ithaca, NY, 1991).

CATULO E A SOCIEDADE ROMANA
T.P. Wiseman, *Catullus and His World: A Reappraisal* (Cambridge, 1985).

A ELEGIA AMOROSA LATINA
P. Veyne, *Roman Erotic Elegy: Love, Poetry, and the West*, trans. D. Pellauer (Chicago, 1988).

HORÁCIO E A LITERATURA AUGUSTANA
P. White, *Promised Verse: Poets in the Society of Augustan Rome* (Cambridge, MA, 1993).

DRAMA
AS RAÍZES DA TRAGÉDIA GREGA
Herington, *Poetry into Drama: Early Tragedy and the Greek Poetic Tradition* (Berkeley, 1985).

AS VARIEDADES DE TRAGÉDIAS
R. Scodel, *An Introduction to Greek Tragedy* (Cambridge, 2010).

A IMPORTÂNCIA DA DANÇA E DAS CANÇÕES DO CORO
L.A. Swift, *The Hidden Chorus: Echoes of Genre in Tragic Lyric* (Oxford, 2010).

A VIDA E A POLÍTICA ATENIENSES NAS COMÉDIAS DE ARISTÓFANES
D.M. MacDowell, *Aristophanes and Athens: An Introduction to the Plays* (Oxford, 1995).

A COMÉDIA NOVA
R.L. Hunter, *The New Comedy of Greece and Rome* (Cambridge, 1985).

SÊNECA E A TRANSFORMAÇÃO DA TRAGÉDIA
A.J. Boyle, *Roman Tragedy* (London, 2006).

HISTORIOGRAFIA
A FAÇANHA DE HERÓDOTO
J. Gould, *Herodotus* (London, 1989).

A COMPREENSÃO DA GUERRA DE TUCÍDIDES
W.R. Connor, *Thucydides* (Princeton, 1984).

HISTÓRIA COMO LITERATURA / LITERATURA COMO HISTÓRIA
C. Pelling, *Literary Texts and the Greek Historian* (London, 2000).

POLÍBIO E ROMA

F.W. Walbank, Polybius (Berkeley, 1972). *Sallust and the Politics of the Republic*: R. Syme, Sallust (Berkeley, 1964).

A AUTOAPRESENTAÇÃO DE CÉSAR

K. Welch and A. Powell (eds.), *Julius Caesar as Artful Reporter: The War Commentaries as Political Instruments* (London, 1998).

TITO LÍVIO E O PASSADO ROMANO

J.D. Chaplin, *Livy's Exemplary History* (Oxford, 2000).

TÁCITO E O SISTEMA IMPERIAL

R. Syme, *Tacitus*, 2 v. (Oxford, 1958).

HISTORIOGRAFIA CLÁSSICA E PENSAMENTO OCIDENTAL TARDIO

A. Momigliano, *The Classical Foundations of Modern Historiography* (Berkeley, 1990).

ORATÓRIA

AS ORIGENS DA RETÓRICA

E. Schiappa, *The Beginnings of Rhetorical Theory in Classical Greece* (New Haven, 1999).

DEMOCRACIA E PERSUASÃO

J. Hesk, *Deception and Democracy in Classical Athens* (Cambridge, 2000).

CONTEXTOS LEGAIS

D.M. MacDowell, *The Law in Classical Athens* (London, 1978).

ELOGIANDO OS MORTOS

J. Herrman, *Athenian Funeral Orations* (Newburyport, MA, 2004).

LÍSIAS E A SOCIEDADE ATENIENSE

C. Carey, *Trials from Classical Athens*, 2nd edn. (London, 2011).

A HABILIDADE DE DEMÓSTENES

D.M. MacDowell, *Demosthenes the Orator* (Oxford, 2009).

CICERO'S PERSONAE

C. Steel, Reading Cicero: *Genre and Performance in Late Republican Rome* (London, 2005).

A FUNÇÃO DO ELOGIO NA ROMA IMPERIAL

R. Rees (ed.), *Latin Panegyric* (Oxford, 2012).

SUPERANDO OS PRECONCEITOS CONTRA A RETÓRICA

B. Vickers, *In Defence of Rhetoric* (Oxford, 1998).

PASTORAL

A NATUREZA DA PASTORAL

P. Alpers, *What is Pastoral?* (Chicago, 1996).

NOSTALGIA URBANA

R. Williams, *The Country and the City* (Oxford, 1973).

OS MUITOS USOS DA PASTORAL

A. Patterson, *Pastoral and Ideology: Virgil to Valéry* (Berkeley, 1987).

OS IDÍLIOS BUCÓLICOS DE TEÓCRITO

K.J. Gutzwiller, *Theocritus' Pastoral Analogies: The Formation of a Genre* (Madison, 1991).

VIRGÍLIO E A EXPANSÃO DO GÊNERO

P. Alpers, *The Singer of the Eclogues: A Study of Virgilian Pastoral* (Berkeley, 1979).

PAISAGENS IDÍLICAS NA PINTURA MURAL ROMANA

E. Winsor Leach, *Vergil's Eclogues: Landscapes of Experience* (Ithaca, NY, 1974).

POESIA SOBRE POESIA

G. Williams, *Tradition and Originality in Roman Poetry* (Oxford, 1968).

SÁTIRA

UM GÊNERO ROMANO

M. Coffey, *Roman Satire*, 2nd ed. (Bristol, 1989).

A AMEAÇA DA SÁTIRA

K. Freudenburg, *Satires of Rome: Threatening Poses de Lucílio a Juvenal* (Cambridge, 2001).

LUCÍLIO E O HELENISMO

E.S. Gruen, *Culture and National Identity in Republican Rome* (Ithaca, NY, 1992), ch. 7.

CATULO, O COMENTADOR SOCIAL

C. Nappa, *Aspects of Catullus' Social Fiction* (Frankfurt, 2001).

A PERSONA SATÍRICA DE HORÁCIO

W.S. Anderson, *Essays on Roman Satire* (Princeton, 1982).

DECODIFICANDO PERSEU

J.C. Bramble, *Persius and the Programmatic Satire: A Study in Form and Imagery* (Cambridge, 1974).

CONSUMO E DECADÊNCIA

E. Gowers, *The Loaded Table: Representations of Food in Roman Literature* (Oxford, 1993).

ZOMBARIA E AUTORRIDICULARIZAÇÃO

M. Plaza, *The Function of Humour in Roman Verse Satire: Laughing and Lying* (Oxford, 2006).

ROMANCE

O GÊNERO NA ANTIGUIDADE

N. Holzberg, *The Ancient Novel: An Introduction* (London, 1995).

ROMANCES GREGOS EM TRADUÇÃO

B.P. Reardon (ed.), *Collected Ancient Greek Novels*, 2nd edn. (Berkeley, 2008).

A GRÉCIA SOB ROMA

S. Swain, *Hellenism and Empire: Language, Classicism, and Power in the Greek World ad 50–250* (Oxford, 1996).

O ROMANCE EM ROMA

P.G. Walsh, *The Roman Novel: The 'Satyricon' of Petronius and the 'Metamorphoses' of Apuleius* (Cambridge, 1970).

COISAS ENGRAÇADAS ACONTECEM A CAMINHO DO FÓRO

J.R.W. Prag and I.D. Repath (eds.), *Petronius: A Handbook* (Chichester, 2009).

SENDO UM ASNO

C.C. Schlam, *The Metamorphoses of Apuleius: On Making an Ass of Oneself* (Chapel Hill, 1992).

TRADUÇÕES DE CLÁSSICOS GRECO-ROMANOS PARA O PORTUGUÊS

A presente lista se limita aos gêneros, autores e obras referidos pelo autor nesta obra. Buscou-se fazer um levantamento o mais completo possível das traduções dos clássicos gregos e latinos em língua portuguesa publicados em livro. A eventual ausência de um título ou outro se deve ao nosso desconhecimento e não a preferências de qualquer natureza. Para um histórico mais amplo das traduções dos clássicos gregos e latinos realizadas por mulheres no Brasil, ver Adriane da Silva Duarte, "O Fio de Ariadne: Tradutoras dos Clássicos no Brasil", *Cadernos de Letras da* UFF, v. 34, n. 67, dez. 2023, p. 43-86. Disponível em: <https://periodicos.uff.br/cadernos-deletras/article/view/57264>. Acesso em: ago. 2024.

ÉPICA
APOLÔNIO DE RODES
AS ARGONÁUTICAS

F. Rodrigues Junior. *Argonáuticas. Apolônio de Rodes*. São Paulo: Perspectiva, 2021.

A.A.A. Sousa. *Apolónio de Rodes. Argonáuticas, Livros I e II*. Coimbra: Imprensa da Universidade de Coimbra, 2021.

HESÍODO

TEOGONIA

H. Bugalho. *Teogonia*. Curitiba: Kotter, 2021.

A.L.S. Cerqueira; M.T.A. Lyra. *Hesíodo. Teogonia*. Niterói: UFF, 2009.

J. Torrano. *Hesíodo. Teogonia*. São Paulo: Iluminuras, 2000.

C. Werner. *Hesíodo. Teogonia*. São Paulo: Hedra, 2022.

OS TRABALHOS E OS DIAS

M. Lafer. *Hesíodo. Os Trabalhos e os Dias*. São Paulo: Iluminuras, 1991.

A.R. de Moura. *Hesíodo. Os Trabalhos e os Dias*. Curitiba: Segesta, 2012.

G.B. Onelley; S. Peçanha. *Hesíodo. Os Trabalhos e os Dias*. Rio de Janeiro: 7 Letras, 2021.

S.M. Regino. *Hesíodo. Os Trabalhos e os Dias*. São Paulo: Martin Claret, 2010.

C. Werner. *Hesíodo. Os Trabalhos e os Dias*. São Paulo: Hedra, 2013.

HOMERO

ILÍADA

M. Alves Correia; E. Dias Palmeira. *Odisseia*. Lisboa: Sá da Costa, 1980.

L. Antunes. *A Ilíada em Decassílabos Duplos*. Porto Alegre: Zouk, 2022.

O.M. Cajado. *Ilíada*. São Paulo: Difel, 1961.

H. de Campos (trad.). *Ilíada de Homero*. São Paulo: ARX, 2003.

M. Alves Correia. *Ilíada*. Lisboa: Sá da Costa, 1945.

F. Lourenço (trad.). *Homero. Ilíada*. São Paulo: Companhia das Letras/Penguin, 2013.

M.O. Mendes. *Homero. Ilíada*. Campinas/Cotia: Editora Unicamp/Ateliê, 2008.

C.A. Nunes (trad.). *Homero. Ilíada*. São Paulo: Ediouro, 2009/Hedra, 2011.

T. Vieira (trad.). *Homero. Ilíada*. São Paulo: Editora 34, 2020.

C. Werner (trad.). *Homero. Ilíada*. São Paulo: Ubu, 2018.

ODISSEIA

N.R. Assis; G.D. Leoni. *Odisseia*. São Paulo: Atena, 1960.

J. Bruna *Odisseia*. São Paulo: Cultrix, 2013.

M. Alves Correia; E. Dias Palmeira. *Odisseia*. Lisboa: Sá da Costa, 1980.

F. Lourenço (trad.). *Homero. Odisseia*. São Paulo: Companhia das Letras/Penguin, 2011.

A. Malta. *A Astúcia de Ninguém: Ser e Não Ser na Odisseia (Uma Interpretação do Poema de Homero Seguida da Tradução de Oito Cantos)*. Belo Horizonte: Impressões de Minas, 2018.

M.O. Mendes. *Homero. Odisseia*. São Paulo: Edusp, 2000.

C.A. Nunes (trad.). *Homero. Odisseia*. São Paulo: Hedra, 2011. (Rio de Janeiro: Ediouro, 2009.)

D. Schüler. *Homero. Odisseia*. São Paulo: L&PM, 2014. 3 v.

T. Vieira (trad.). *Homero. Odisseia*. São Paulo: Editora 34, 2011.

C. Werner (trad.). *Homero. Odisseia*. São Paulo: Ubu, 2018.

LUCANO

FARSÁLIA (A GUERRA CIVIL)

B.V.G. Vieira. *Lucano. Farsália: Cantos de I a IV*. Campinas: Editora Unicamp, 2011.

LUCRÉCIO

DA NATUREZA DAS COISAS

L.M.G. Cerqueira. *Lucrécio. Da Natureza das Coisas*. Lisboa: Relógio d'Água, 2015.

R.T. Gonçalves. *Lucrécio. Da Natureza das Coisas*. Belo Horizonte: Autêntica, 2021.

A. Silva. *Lucrécio. Da Natureza (Os Pensadores)*. São Paulo: Nova Cultural, 1973. V. 5.

OVÍDIO

METAMORFOSES

P.F. Alberto. *Ovídio. Metamorfoses*. Lisboa: Cotovia, 2014.

Bocage (trad.). J.A. Oliva Neto (org., introd.). *Ovídio. Metamorfoses*. São Paulo: Hedra, 2007.

D.L. Dias. *Ovídio. Metamorfoses*. São Paulo: Editora 34, 2014.

R.T. Gonçalves. *Ovídio. Metamorfoses*. São Paulo: Companhia das Letras, 2023.

VIRGÍLIO

ENEIDA

A.A.T.L. Alves; C.A. Guerreiro; L.M.G. Cerqueira. *Vergílio. Eneida*. Lisboa: Bertrand, 2011.

C. A. André. *Eneida*. São Paulo: Sétimo Selo, 2023.

____ *Virgílio. Eneida*. Lisboa: Quetzal, 2022.

A. Aprigliano. *O Descimento ao Averno: Eneida 6*. São Paulo: Syrinx, 2019.

J.V.B. Feio; J.M. da Costa e Silva. *Virgílio. Eneida*. São Paulo: Martins Fontes, 2004.

C.A. Nunes (trad.); J.A. de Oliva Neto (org., apresent., notas). *Virgílio. Eneida*. São Paulo: Editora 34, 2014.

G.D. Leoni; N.R. de Assis. *Vergílio. Eneida*. Estudo introdutivo, glossário mitológico e tradução em prosa de G.D. Leoni e N.R.de Assis. São Paulo: Atena, 1966.

M.O. Mendes. *Eneida Brasileira*. Campinas: Editora Unicamp, 2008.

J.C.M. Mota. *Virgílio. Eneida*. Belo Horizonte: Autêntica, 2022.

A. da Silva. *Virgílio. Bucólicas, Geórgicas e Eneida*. Lisboa: Círculo de Leitores, 2012.

M. Thamos. *Leitura e Tradução do Canto I da Eneida*. São Paulo: Edusp, 2011.

GEÓRGICAS

M.O. Mendes. *Virgílio. Geórgicas*. Cotia: Ateliê, 2019.

A. da Silva. *Virgílio. Bucólicas, Geórgicas e Eneida*. Lisboa: Círculo de Leitores, 2012.

E.C.P. dos Santos. *Virgílio. O IV Canto das Geórgicas*. São Paulo: Scortecci, 2007.

M. Trevizam. *Geórgicas III. Virgílio*. Belo Horizonte: Editora UFMG, 2019.

____. *Geórgicas I. Virgílio*. Belo Horizonte: Editora UFMG, 2013.

LÍRICA

LÍRICA GREGA

ANACREONTE

J.C. de Almeida Cousin. *Odes de Anacreonte e Suas Traduções*. Rio de Janeiro: Pongetti, 1948.

L. Antunes. *Anacreonte. Fragmentos Completos*. São Paulo: Editora 34, 2022.

J.A. Haddad. *Odes Anacreônticas*. Rio de Janeiro: José Olympio, 1952.

ARQUÍLOCO

P.C. Corrêa. *Armas e Varões: A Guerra na Lírica de Arquíloco*. 2. ed. revista e ampliada. São Paulo: Editora Unesp, 2009.

_____. *Um Bestiário Arcaico: Fábulas e Imagens de Animais na Poesia de Arquíloco*. Campinas: Editora Unicamp, 2010.

C.A.M. de Jesus. *Arquíloco. Fragmentos Poéticos*. Lisboa: Imprensa Nacional/ Casa da Moeda, 2008.

PÍNDARO

R. de Brose. *Píndaro. Odes Olímpicas*. Araçoiaba da Serra: Mnēma, 2023.

D. Malhadas. *Píndaro. Odes aos Príncipes da Sicília*. Araraquara: Editora Unesp, 1976.

G.B. Onelley. *Píndaro. As Odes Olímpicas*. Rio de Janeiro: 7 Letras, 2016.

R. Rocha. *Píndaro. Epinícios e Fragmentos*. Curitiba: Kotter, 2018.

SAFO

P. Alvim. *Safo de Lesbos*. São Paulo: Ars Poetica, 1992.

A. Antunes. *Safo: Tudo Que Restou*. Além Paraíba: Interior, 1987.

G.G. Flores. *Safo. Fragmentos Completos*. São Paulo: Editora 34, 2017.

J.B. Fontes. *Safo de Lesbos: Poemas e Fragmentos*. São Paulo: Iluminuras, 2003.

J.A. Haddad. *Safo. Lírica*. São Paulo: Edições Cultura, 1942.

G. Ragusa. *Safo de Lesbos. Hino a Afrodite e Outros Poemas*. São Paulo: Hedra, 2021.

J. Torrano. *Safo de Lesbos: Três Poemas*. Rio de Janeiro: Ibis Libris, 2009.

OUTROS

L. Antunes. *Ritmo e Sonoridade na Poesia Grega Antiga: Uma Tradução Comentada de 23 Poemas*. São Paulo: Humanitas, 2011.

L. Antunes; J.C. Baracat; R. Brunhara (org.). *Flores da Antologia Grega*. Porto Alegre: IL/UFRGS, 2019.

A.F. Coimbra; V. de Falco. *Os Elegíacos Gregos: De Calino a Crates*. São Paulo: Brusco, 1941.

G.N.M. de Barris. *Sólon de Atenas. A Cidadania Antiga*. Com texto original dos poemas e a tradução. São Paulo: Humanitas, 1999; reedição digital, 2020. Disponível em: <https://www.livrosabertos.sibi.usp.br/portaldelivrosusp/catalog/view /455/410/1601>. Acesso em: jul. 2024.

R. Brunhara. *As Elegias de Tirteu*. São Paulo: Humanitas, 2014.

R. Brunhara; G. Ragusa. *Elegia Grega Arcaica: Uma Antologia*. São Paulo: Ateliê/Mnema 2021.

G.G. Flores. *Epigramas de Calímaco*. Belo Horizonte: Autêntica.

J.B. Fontes. *Eros, Tecelão de Mitos*. São Paulo: Iluminuras, 2003.

F. Lourenço. *Poesia Grega: de Hesíodo a Teócrito*. Lisboa: Quetzal, 2020.

L.C. Mangia Silva. *O Masculino e o Feminino no Epigrama Grego: Estudo dos Livros 5 e 12 da Antologia Palatina*. São Paulo: Editora Unesp, 2012.

D. Malhadas; M.H.M. Neves. *Antologia de Poetas Gregos de Homero a Píndaro*. Araraquara: Editora Unesp, 1976.

P. Martins (org.). *Antologia de Poetas Gregos e Latinos*. São Paulo: FFLCH/USP, 2010.

G.B. Onelley. *Píndaro. As Odes Olímpicas*. Rio de Janeiro: 7 Letras, 2016.

____. *A Ideologia Aristocrática nos Theognidea*. Niterói/Coimbra: UFF/Universidade de Coimbra, 2009.

J.P. Paes. *Poemas da Antologia Grega ou Palatina*. São Paulo: Companhia das Letras, 1995.

____. *Paladas de Alexandria: Epigramas*. São Paulo: Nova Alexandria, 2001.

D. Pignatari. *31 poetas, 214 poemas – Do Rig-Veda e Safo a Apollinaire*. São Paulo: Companhia das Letras, 1997.

G. Ragusa. *Lira Grega: Antologia de Poesia Arcaica*. São Paulo: Hedra, 2013.

P.E. Ramos da Silva; R. Brunhara. (org., introd.). *Poesia Grega e Latina*. 2. ed. São Paulo: Madamu, 2021.

T. Vieira. *Alexandra, de Lícofron*. São Paulo: Editora 34, 2017.

____. *Lírica Grega, Hoje*. São Paulo: Perspectiva, 2017.

____. *Xenofanias, de Xenófones*. Campinas: Editora da Unicamp, 2006.

E. Werner. *Os Hinos de Calímaco. Poesia e Poética*. São Paulo: Humanitas, 2012.

LÍRICA LATINA

HORÁCIO

N.R. de Assis. *Horácio. Epodos, Odes e Epístolas*. Escolhidos, traduzidos e anotados por Neyde Ramos de Assis. São Paulo: Quaderni della rassegna brasiliana di studi italiani, 1963.

B.P.F. Almeida (trad.); A.L.A. Prado (org.). *Horácio: Odes e Epodos*. São Paulo: Martins Fontes, 2003.

P.B. Falcão. *Horácio. Odes*. São Paulo: Editora 34, 2021.

B.P.A. Ferraz (trad.); A.L.A. Prado (org.). *Horácio: Odes e Epodos*. São Paulo: Martins Fontes, 2003.

G.G. Flores. *Horácio. Odes*. Belo Horizonte: Autêntica, 2024.

A. de Macedo; F.A. Picot; A.R. dos Santos; A.L. Seabra. *Horácio. Obras Completas: Odes, Epodos, Carme Secular, Sátiras e Epístolas*. São Paulo: Cultura, 1941.

CATULO

J.A. Oliva Neto. *Catulo. O Livro de Catulo*. São Paulo: Edusp, 2024.

P.S. Vasconcellos. *Catulo: O Cancioneiro de Lésbia*. São Paulo: Hucitec, 1991.

OVÍDIO

C.A. André. *Ovídio. Amores & Arte de Amar*. São Paulo: Penguin Classics Companhia das Letras, 2011.

L.A. de Bem. *Ovídio. Primeiro Livro dos Amores*. São Paulo: Hedra, 2010.

G.H. Duque. *Amores de Ovídio*. São Paulo: Assimetria, 2020.

M.M. Gouvêa Júnior. *Públio Ovídio Nasão. Fastos.* Belo Horizonte: Autêntica, 2015.

A.S. Mendonça. *Ovídio. Os Remédios do Amor e Os Cosméticos Para o Rosto da Mulher.* São Paulo: Nova Alexandria, 1994.

P. Schimdt. *Ovídio. Tristezas.* Araçoiaba da Serra: Mnēma, 2023.

T.O. Spalding. *Ovídio. Arte de Amar e Contra Íbis.* São Paulo: Cultrix, 1977.

M. Trevizam. *Públio Ovídio Nasão. Arte de Amar.* Campinas: Mercado de Letras, 2016.

W. Vergna. *Heroides. A Concepção do Amor em Roma Através da Obra de Ovídio.* Rio de Janeiro: Granet Lawer, 1975.

OUTROS

F. Achcar. *Lírica e Lugar-Comum.* São Paulo: Edusp, 1994.

R. Carvalho; G.G. Flores; M.M. Gouvêa Jr.; J.A. Oliva Neto. *Por Que Calar Nossos Amores? Poesia Homoerótica Latina.* Belo Horizonte: Autêntica, 2017.

R. Cesila. *Epigrama.* Campinas: Editora Unicamp, 2017.

G.G. Flores. *Elegias de Sexto Propércio.* Belo Horizonte: Autêntica, 2014.

R.G. Lopes. *Epigramas de Marco Valério Marcial.* São Paulo: Ateliê, 2019.

M.G. Novak; M.L. Neri (orgs.). *Poesia Lírica Latina.* São Paulo: Martins Fontes, 2003.

J.A. Oliva Neto. *Falo no Jardim: Priapéia Grega, Priapéia Latina.* Campinas/Cotia: Editora Unicamp/Ateliê, 2006.

DRAMA
TRAGÉDIA GREGA
ÉSQUILO

J.S. Brandão. *Ésquilo. Os Persas.* São Paulo: Mameluco, 2013.

M.E. Daniellou. *Ésquilo. Oréstia: Agamemnon, Coéforas, Eumênides.* Rio de Janeiro: Associação Universitária de Santa Úrsula, 1975.

D. Malhadas; M.H.M. Neves. *Ésquilo. Prometeu Acorrentado.* Araraquara: Editora Unesp, 1977.

R.N. Santos (org.). *Ésquilo. Prometeu Acorrentado. Tradução em Prosa de D. Pedro II.* São Paulo: Madamu, 2023.

D. Schüller. *Sete Contra Tebas. Ésquilo.* Porto Alegre: L&PM, 2003.

J. Torrano. *Ésquilo – Oresteia: I Agamêmnon, II Coéforas, III Eumênides.* São Paulo: São Paulo: São Paulo: Iluminuras/Fapesp, 2004. 3 v.

____. *Ésquilo – Tragédias: Os Persas, Os Sete Contra Tebas, As Suplicantes, Prometeu Cadeeiro.* São Paulo: São Paulo: Iluminuras, 2000.

____. *Ésquilo – Prometeu Prisioneiro.* São Paulo: Roswitha Kempf, 1985.

T. Vieira. *Agamêmnon.* São Paulo: Perspectiva, 2007.

____. *Sete Contra Tebas.* São Paulo: Editora 34, 2018.

____. *Prometeu Prisioneiro.* São Paulo: Editora 34, 2023.

____. *Os Persas de Ésquilo.* São Paulo: Perspectiva, 2013.

EURÍPIDES

T. Virgínia Ribeiro Barbosa et al. *Eurípides. Medeia.* Cotia: Ateliê, 2013.

____. *Eurípides. Electra.* Cotia: Ateliê, 2015.

_____. *Eurípides. Orestes.* Cotia: Ateliê, 2017.

_____. *Eurípides. Hécuba.* Cotia: Ateliê, 2022.

C.L Crepaldi. *Eurípides. Helena de Eurípides: Estudo e Tradução.* São Paulo: FFLCH/USP, 2015.

_____. *Eurípides. Alceste, Heraclidas, Hipólito.* São Paulo: Martin Claret, 2018.

M.E. Daniellou. *Eurípides. Hipólito.* Rio de Janeiro: Associação Universitária de Santa Úrsula,1977.

_____. *Eurípides. Medéia, Ifigénia em Áulis.* Rio de Janeiro: Associação Universitária de Santa Úrsula, 1985.

M.G. Kury. *Eurípides. Medeia. Hipólito. Troianas.* Rio de Janeiro: Zahar, 1991.

_____. *Eurípides. Ifigênia em Áulis. As Fenícias. As Bacantes.* Rio de Janeiro: Zahar, 1993.

_____. *Eurípides. Medeia, Hipólito, As Troianas.* 5. ed. Rio de Janeiro: Zahar, 2002.

F.R. de Oliveira. *Eurípides. Medeia.* São Paulo: Odysseus, 2015.

_____. *Eurípides. Hipólito.* São Paulo: Odysseus, 2010.

A.F. Oliveira e Silva. *Eurípedes. Orestes.* Brasília: Editora UnB, 1999.

J.B. Fontes. *Eurípides, Sêneca, Racine: Hipólito e Fedra.* São Paulo: Iluminuras, 2007.

C.R. Franciscato. *Eurípides. Héracles.* São Paulo: Palas Athena, 2003.

K. Sacconi. *Eurípides. Electra, Orestes.* São Paulo: Martin Claret, 2022.

L.A. Sais. *Reso, de Eurípides, e a Astúcia.* São Paulo: USP/Humanitas, 2014.

D. Schüller. *As Fenícias. Eurípedes.* Porto Alegre: L&PM, 2005.

O. Serra. *As Bacantes. Tragédia de Eurípides.* São Paulo: Odysseus, 2022.

E. de Sousa. *Eurípides. As Bacantes.* São Paulo: Hedra, 2010.

J. Torrano. *Eurípides – Teatro Completo I: O Ciclope, Alceste, Medeia.* São Paulo: Editora 34, 2022.

_____. *Eurípides – Teatro Completo II: Os Heraclidas, Hipólito, Andrômaca, Hécuba.* São Paulo: Editora 34, 2022.

_____. *Eurípides – Teatro Completo III: As Suplicantes, Electra, Héracles.* São Paulo: Editora 34, 2023.

_____. *Eurípides – Teatro Completo IV: As Troianas, Ifigênia em Táurida, Íon.* São Paulo: Editora 34, 2024.

_____. *Eurípides – Medeia.* São Paulo: Hucitec, 1991.

_____. *Eurípides – Bacas.* São Paulo: Hucitec, 1995.

T. Vieira. *As Bacantes.* São Paulo: Perspectiva, 2003.

_____. *Medeia.* São Paulo: Editora 34, 2010.

_____. *As Troianas.* São Paulo: Editora 34, 2021.

_____. *Héracles.* São Paulo: Editora 34, 2014.

_____. *Hipólito.* São Paulo: Editora 34, 2015.

_____. *Helena de Eurípides e Seu Duplo.* São Paulo: Perspectiva, 2019.

C. Werner. *Duas Tragédias Gregas: Hécuba e Troianas.* São Paulo: Martins Fontes, 2004.

SÓFOCLES

G. Almeida (trad.); A.S. Duarte; R.C. de Freitas; M. Tápia, (estudos). *Antígone de Sófocles. Transcrição de Guilherme de Almeida.* São Paulo: Madamu, 2022.

L. Antunes. *Sófocles. Édipo Tirano*. São Paulo: Todavia, 2018.

O.L. de Araújo. *Electra de Sófocles*. Fortaleza: Substânsia, 2014.

D.P. Cegalla. *Sófocles. Édipo Rei*. Rio de Janeiro: Difel, 2005.

M.E. Daniellou. *Sófocles. Electra*. Rio de Janeiro: Associação Universitária de Santa Úrsula, 1975.

M. Fernandes. *Sófocles. Antígona*. Rio de Janeiro: Paz e Terra, 1996.

M.M.C. Ferreira. *Sófocles. Édipo Rei*. São Paulo: Hedra, 2018.

M.C.Z. Fialho. *Sófocles. As Traquínias*. Brasília: Editora UnB, 1996.

M.G. Kury. *Sófocles. A Trilogia Tebana: Édipo Rei, Édipo em Colono, Antígona*. Rio de Janeiro: Zahar, 1990.

_____. *O Melhor do Teatro Grego: edição comentada. Prometeu acorrentado, Édipo Rei, Medeia, As Nuvens*. Rio de Janeiro: Zahar, 2013.

P. Neves. *Sófocles. Édipo Rei*. Porto Alegre: L&PM, 1998.

F.R. de Oliveira. *Sófocles. Aias*. São Paulo: Iluminuras, 2008.

_____. *Sófocles. As Traquínias*. Campinas: Editora Unicamp, 2009.

_____. *Rei Édipo*. São Paulo: Odysseus, 2015.

L.F. Pereira (trad.). *Sófocles. Antígone*. São Paulo: Companhia das Letras, 2022.

S.M. Regino. *Sófocles. Antígona*. São Paulo: Martin Claret, 2015.

L.A. Sais. *Sófocles. Rei Édipo*. São Paulo: Unipro, 2018.

F.B. Santos. *Sófocles. Filoctetes*. São Paulo: Odysseus, 2008.

D. Schüller. *Antígona*. Sófocles. Porto Alegre: L&PM, 1999.

_____. *Édipo em Colono*. Sófocles. Porto Alegre: L&PM, 2003

J. Torrano. *Tragédias Completas de Sófocles: Antígona*. São Paulo: Mnema, 2022.

_____. *Tragédias Completas de Sófocles: Édipo Rei*. São Paulo: Mnema, 2022.

_____. *Tragédias Completas de Sófocles: Ájax*. São Paulo: Mnema, 2022.

_____. *Tragédias Completas de Sófocles: As Traquínias*. São Paulo: Mnema, 2022.

_____. *Tragédias Completas de Sófocles: Filoctetes*. São Paulo: Mnema, 2023.

_____. *Tragédias Completas de Sófocles: Eléctra*. São Paulo: Mnema, 2023.

_____. *Tragédias Completas de Sófocles: Édipo em Colono*. São Paulo: Mnema, 2024

T. Vieira. *Édipo Rei*. São Paulo: Perspectiva, 2001.

_____. *Édipo em Colono*. São Paulo: Perspectiva, 2005.

_____. *Antígone*. São Paulo: Perspectiva, 2009.

_____. *Filoctetes*. São Paulo: Editora 34, 2009.

_____. *As Traquínias*. São Paulo: Editora 34, 2014.

_____. *Ajax de Sófocles*. São Paulo: Editora 34, 2022.

OUTROS

J.S. Brandão. *Teatro Grego: Eurípides/Aristófanes. O Ciclope, As Rãs, As Vespas*. Rio de Janeiro: Espaço e Tempo, 1986.

J. Bruna. *Teatro Grego*. São Paulo: Cultrix, 1964.

M.G. Kury. *Ésquilo. Oréstia: Agamêmnon, Coéforas, Eumênides*. Rio de Janeiro: Zahar, 1991.

_____. *Ésquilo. Persas. Sófocles. Electra. Eurípides. Hécuba*. 6. ed. Rio de Janeiro: Zahar, 1992.

_____. *Ésquilo. Prometeu Acorrentado. Sófocles. Ájax. Eurípides. Alceste*. 6. ed. Rio de Janeiro: Zahar, 1993.

T. Vieira. *Electra(s) de Eurípides e de Sófocles*. Cotia: Ateliê, 2009.

TRAGÉDIA LATINA

SÊNECA

Z.A. Cardoso. *Sêneca. Tragédias: A Loucura de Hércules, As Troianas, As Fenícias*. São Paulo: Martins Fontes, 2014.

_____. *Sêneca. As Troianas*. São Paulo: Hucitec, 1997.

J.E.S. Lohner. *Sêneca. Tiestes*. Curitiba: Editora UFPR, 2019.

_____. *Sêneca. Agamêmnon*. São Paulo: Biblioteca Azul, 2007.

F.M. Moura; D.P. Carrara. *Sêneca. Fedra*. São Paulo: Peixoto Neto, 2007.

A.A.A. de Sousa. *Sêneca. Medeia*. Coimbra/São Paulo: Imprensa Nacional da Universidade de Coimbra/Annablume, 2012.

OUTROS

Z.A. Cardoso. *Pseudo-Sêneca. Otávia*. São Paulo: Madamu, 2021.

J.B. Fontes. *Eurípides, Sêneca, Racine: Hipólito e Fedra*. São Paulo: Iluminuras, 2007.

COMÉDIA GREGA

ARISTÓFANES

J.C. Baracat Jr. (org.). *Aristófanes. As Nuvens*. Porto Alegre: IL/UFRGS, 2013.

T.C. Andrade. *Aristófanes. As Rãs*. São Paulo: Mnema, 2023.

G. Drumond. *Aristófanes. Paz*. Curitiba: Appris, 2020.

A.S. Duarte. *Duas Comédias Gregas: Lisístrata e As Tesmoforiantes*. São Paulo: Martins Fontes, 2005.

M. Fernandes (trad.). *Lisístrata, a Greve do Sexo*. Porto Alegre: L&PM, 2003.

_____. *Aristófanes. As Aves*. São Paulo: Hucitec, 2000.

M.G. Kury. *Aristófanes. As Nuvens. Só para Mulheres. Um Deus Chamado Dinheiro*. 3. ed. Rio de Janeiro: Jorge Zahar, 1995.

_____. *Aristófanes. A Greve do Sexo (Lisístrata), A Revolução das Mulheres*. 7. ed. Rio de Janeiro: Zahar, 1996.

_____. *Aristófanes. As Vespas. As Aves. As Rãs*. 3. ed. Rio de Janeiro: Zahar, 1996.

A.M.C. Pompeu. *Aristófanes. Lisístrata*. São Paulo: Hedra, 2010.

_____. *Dioniso Matuto. Uma Abordagem Antropológica do Cômico na Tradução de Acarnenses de Aristófanes Para o Cearensês*. Curitiba: Appris, 2014.

_____. *Aristófanes. Tesmoforiantes [ou Demetercoreantes]*. Trad. Ana M.C. Pompeu. São Paulo: Via Leitura, 2015.

_____. *Aristófanes. Cavaleiros*. Fortaleza: Substânsia, 2017.

A.C. Ramalho. *Aristófanes. Pluto*. Brasília: Editora UnB, 1999.

K.A. Sacconi. *Fragmentos de Aristófanes*. Coimbra: Imprensa da Universidade de Coimbra, 2020.

M.F. de Sousa e Silva. *Aristófanes. Os Cavaleiros*. Brasília: Editora UnB, 2000.

G.M.R. Starzynski. *Aristófanes. As Nuvens (Os Pensadores)*. São Paulo: Nova Cultural, 1972, v. II.

T. Vieira. *Lisístrata & Tesmoforiantes*. São Paulo: Perspectiva, 2011.

_____. *As Rãs, de Aristófanes*. São Paulo: Cosac Naify, 2014.

[Vários tradutores]. *Aristófanes. Comédias, v. I e II*. Lisboa: Imprensa Nacional/Casa da Moeda, 2006.

MENANDRO

M.F. de Sousa e Silva. *Menandro. Obra Completa.* Lisboa: Imprensa Nacional/ Casa da Moeda, 2007.

M.G. Kury. *Menandro (O Misantropo). Aristófanes (A Paz).* Rio de Janeiro: Ediouro, 1968.

COMÉDIA LATINA

PLAUTO

J. Bruna. *Plauto. Comédias: O Cabo, Caruncho, Os Menecmos, Os Prisioneiros, O Soldado Fanfarrão.* São Paulo: Cultrix, 1978.

I.T. Cardoso. *Plauto. Estico.* Campinas: Editora Unicamp, 2006.

L.D. Cardoso. *Plauto. Anfitrião.* Belo Horizonte: Autêntica, 2020.

A.M. Cordeiro. *Plauto. O Truculento.* Coimbra/São Paulo: Imprensa Nacional da Universidade de Coimbra/Annablume, 2010.

A. Costa. *Plauto. Aulularia: A Comédia da Panelinha.* São Paulo: Difusão Europeia do Livro, 1967.

L.N. Costa. *Anfitrião, de Plauto.* Campinas: Mercado das Letras, 2013.

C.M. da Rocha. *Cásina, de Plauto.* Campinas: Mercado das Letras, 2014.

[Vários tradutores]. *Plauto. Comédias, v. I e II.* Lisboa: Imprensa Nacional/ Casa da Moeda, 2006.

TERÊNCIO

A.P. do Couto. *Terêncio. Formião.* Lisboa: Edições 70, 1999.

R.T. Gonçalves. *Terêncio. Os Adelfos.* Belo Horizonte: Autêntica, 2020.

M.S.A. Oliveira. *O Eunuco, de Terêncio.* Curitiba: Kotter, 2022.

[Vários tradutores]. *Terêncio. Comédias, v. I e II.* Lisboa: Imprensa Nacional/ Casa da Moeda, 2008.

M.P. Zanfra. *"Os Adelfos" de Terêncio: Uma Comédia de Pais e Irmãos.* Curitiba: Appris, 2021.

HISTORIOGRAFIA

HERÓDOTO

M. da Gama Kury. *Heródoto. Histórias.* São Paulo: Madamu, 2023.

[Vários tradutores]. *Heródoto, História.* Lisboa: Edições 70. (Vários volumes.)

TUCÍDIDES

M. da Gama Kury. *Tucídides. História da Guerra do Peloponeso.* São Paulo: Madamu, 2022.

A.L.A. Prado. *Tucídides. História da Guerra do Peloponeso. Livro I.* São Paulo: Martins Fontes.

POLÍBIO

M.G. Kury. *Políbios. História.* São Paulo: Madamu, 2023.

B.B. Sebastiani. *Políbio. História Pragmática.* São Paulo: Perspectiva, 2016.

SALÚSTIO

A.S. Mendonça. *Salústio. A Conjuração de Catilina; A Guerra de Jugurta.* Petrópolis: Vozes, 1990.

A. Scatolin. *Salústio. A Conjuração de Catilina.* São Paulo: Hedra, 2018.

JÚLIO CÉSAR

A.S. Mendonça. *Caio Júlio César. A Guerra Civil*. São Paulo: Estação Liberdade, 1999.

A. Pires (trad.); V. Raquel (intr.). *Júlio César. A Guerra das Gálias*. Lisboa: Sílabo, 2022.

TITO LÍVIO

P.M. Peixoto. *Tito Lívio. História de Roma*. São Paulo: Paumape, 1989. 5 v.

M.C. Vitorino. *Tito Lívio. História de Roma: Livro I: A Monarquia*. Belo Horizonte: Crisálida, 2008.

TÁCITO

J.L.F. Carvalho. *Tácito. Anais*. Famões: Colibri, 2022.

B. Xavier. *Tácito. As Histórias*. Rio de Janeiro: Athena, 1937.

COLETÂNEA

M.G. Novak; M.L. Neri; A. A Peterlini (orgs.). *Historiadores Latinos. Antologia Bilíngue*. São Paulo: Martins Fontes, 1999.

ORATÓRIA

DEMÓSTENES

I.B.B. Fonseca. *Demóstenes. As Três Filípicas. Oração Sobre as Questões da Quersoneso*. São Paulo: Martins Fontes, 2001.

CÍCERO

C.A.L. Fonseca (trad.). *Cícero. As Catilinárias, Defesa de Murena, Defesa de Árquias, Defesa de Milão*. Lisboa/São Paulo: Verbo, 1974.

A. Joaquim. *Cícero. Orações*. Clássicos Jackson. Rio de Janeiro: W.M. Jackson, 1960. 2 v.

G.C. dos Santos. *Cícero. Discursos Contra Marco Antônio ou Filípicas*. Brasília: UnB, 2021.

A. Scatolin. *Cícero. Defesa de Ligário*. São Paulo: Madamu, 2023.

_____. *Cícero. Discurso Por Marcelo*. São Paulo: Madamu, 2023.

PASTORAL

Antologia Bucólica: Auctores Minores. Teócrito de Siracusa, [Idílio VI], trad. F. Possebon; [Epigrama II], trad. R.J.R.de Andrade e Costa; [Epigrama XVIII], trad. F.P.; Mosco de Siracusa, [Europa], trad. F.P.; Bíon de Esmirna, [Epitáfio de Adônis], trad. F.P.; Símias de Rodes, [Asas do Amor], trad. F.P.; [Tito] Calpúrnio Sículo, [Bucólica III], trad. L.T. Brito da Silva; [Marco] Aurélio [Olímpio] Nemesiano, [Écloga IV], trad. H.T.M. Viana; H. Caiado, [Écloga nona], trad. F.P. João Pessoa: UFPB/Zarinha Centro de Cultura, 2007.

R. Carvalho. *Virgílio. Bucólicas*. Belo Horizonte: Crisálida, 2005.

A.P. Hasegawa. *Os Limites do Gênero Bucólico em Vergílio: Um Estudo das Éclogas Dramáticas*. São Paulo: Humanitas, 2012.

A.C.N. Magalhães. *A Poesia de Teócrito e a Projeção Pastoral*. Tese (doutorado em Estudos Literários), UFMG, 2021.

A.R.de Moura. *Poesia Bucólica (Virgílio, Calpúrnio Sículo, Nemesiano)*. Campinas: Editora Unicamp, 2022.

J.P. Mendes. *Construção e Arte das Bucólicas de Virgílio*. Coimbra: Almedina, 1997.

O. Mendes. *Virgílio. Bucólicas*. Campinas: Ateliê/Editora Unicamp, 2008.

E. Nogueira. *Verdade, Contenda e Poesia nos Idílios de Teócrito*. São Paulo: Humanitas, 2013.

P.E.S. Ramos. *Virgílio. Bucólicas*. São Paulo: Melhoramentos, 1982.

N.S.Rodrigues. *Traduções Portuguesas de Teócrito*. Lisboa: Universitária Editora, 2000.

A. da Silva. Virgílio. *Bucólicas, Geórgicas e Eneida*. Lisboa: Círculo de Leitores, 2012.

SÁTIRA

F.A.M. Bastos. *Juvenal. Sátiras*. São Paulo: Ediouro, 1991.

F.P. Cairolli. *Pérsio. Sátiras*. São Paulo: Assimetria, 2019.

E.R. de Paiva. *Horácio. Sátiras*. Niterói: EDUFF, 2013.

ROMANCE
ROMANCE GREGO

D. Bottmann. *Longo. Dáfnis e Cloé*. Campinas: Pontes, 1990.

A.S. Duarte. *Cáriton de Afrosísias. Quéreas e Calírroe*. São Paulo: Editora 34, 2020.

_____. *Xenofonte de Éfeso. As Efesíacas*. São Paulo: Mnema, 2024.

ROMANCE LATINO
APULEIO

S.B. Bianchet. *As Metamorfoses de um Burro de Ouro de Apuleio*. Curitiba: Appris, 2020.

R. Guimarães. *Apuleio. O Asno de Ouro*. São Paulo: Editora 34, 2019.

PETRÔNIO

C. Aquati. *Petrônio. Satíricon*. São Paulo: Cosac Naify, 2008.

S.B. Bianchet. *Petrônio. Satyricon*. Belo Horizonte: Crisálida, 2004.

CRÉDITOS DAS ILUSTRAÇÕES

1. Papiro de Oxirrinco no Egito, 4708a, Biblioteca Sackler, Universidade de Oxford [p. 33]. Foto: cortesia da Sociedade de Exploração do Egito e de Imaging Papyri Project, Oxford.

2. Tabula Iliaca Capitolina (1a), Museu Capitolino, Roma [p. 47]. © DeAgostini/SuperStock.

3. Vaso ateniense para refrigerar vinho (*kalathos-psykter*) atribuído ao pintor de Brigos, Staatliche Antikensammlung und Glyptothek, Munich, inv. n. 2416 [p. 75]. Staatliche Antikensammlungen und Glyptothek, Munich, inv. AS 2416.

4. Parede da Vila de Adriano (imperador romano e amante das artes) em Tibur, (Tivoli), hoje no Museu Capitolino, em Roma [p. 86-87]. © Tino Soriano/National Geographic/SuperStock.

5. Copo de cerâmica de figuras vermelhas (*kylix*) do pintor Triptolemo, National Museums of Scotland, Edinburgh, Mus. n. A 1887.213 [p. 104-105]. © National Museums of Scotland/ The Bridgeman Art Library.

6. Cesare Maccari, Cicero Denúncia Catilina (1888), Palazzo Madama (Senado da República Italiana), em Roma [p. 127]. © DeAgostini/SuperStock.

7. William Blake, gravuras em madeira, a partir de *As Pastorais*, de Virgílio, ed. Robert J. Thornton (London, 1821) [p. 140-141]. © Southampton City Art Gallery/The Bridgeman Art Library.

8. Pintura mural de Pompeia, Region VII, Soprintendenza speciale per i beni Archaeologici di Napoli e Pompei [p. 161]. © Julian Money-Kyrle/Alamy.

Mapas

1. O mundo grego [p. 12-13].
2. O Império Romano no tempo de Augusto [p. 14-15].

ÍNDICE

Agostinho 26, 163.
Alceu 24, 73, 75.
alexandrina, estética 18, 21, 43, 134.
alfabeto 19.
Ambrósio 26.
Amiano Marcelino 26.
Antiguidade tardia 26.
Apolônio de Rodes 42-44.
Apuleio 163-166.
Aquiles Tácio 157.
Arcádia 138-140.
arcaico, período 19-20.
Aristófanes 85-89.
Aristóteles 81, 121.
Arquíloco 32, 58, 60-61.
Atenas 20-21, 77-78.
atômica, teoria 53.
Augusto, era de 24.
Ausônio 26.

bárbaros 106.
biografia (gênero) 117, 156.

Bíon de Esmirna 135.
Bizâncio 27.
Bretanha 113.

Calímaco 18, 21, 24, 134, 138.
cânone 31, 72.
Cáriton 156-159.
Catão, o Velho 23, 111, 124.
Catulo 58, 68-71, 125, 146.
Cícero 125-128.
Clássico, período 20-21.
Claudiano 26.
colonização 20.
comédia grega 84-91, 144.
comédia romana 91-95, 128.
coral, poesia 66-67, 78-79.
Cremúcio Cordo, Aulo 115.
Cristandade 26-27, 31, 164.

democracia 20, 60, 62-63, 88, 109,
    120-122.
Demóstenes 123-124, 127.

Dião Crisóstomo 30.

elegia grega 62-64.
elegia romana 69-71.
Ênio 22, 45, 144.
epicurismo 53-54.
Esparta 63-64.
Ésquilo 78.
Estácio 51.
Eurípides 84.

Fábio Pictor 111.
farsa 91.
festivais 59-60.
ficção de fantasia 19.

Galo 138-139.
Galo, Cornélio 69.
gênero 27-30.
guerra civil 48-49, 51, 54-55, 108, 117, 136-137.
guerra de Troia 36, 46, 47.
Guerras Pérsicas 102, 106.

Hecateu 101.
helenístico, período 21-22.
Heliodoro 158.
Heródoto 100-106.
heroica, era 36-37.
Hesíodo 52, 58, 131-132, 134.
Homero 19, 22, 24, 35-38, 120.
    Ilíada 37-40, 47.
    Odisseia 40-42, 132, 158.
Horácio 23, 29, 31.
    Epodos 71.
    Odes 71-75.

Idade de Ouro da literatura 25, 138.
imperial, literatura 24-26.

jâmbica, poesia 60, 144.
Jerônimo 26.
Júlio César 24, 31, 51, 93, 112-114.
Juvenal 147-153.

Libânio 30.
Lísias 122-123.
Lívio Andronico 22, 44.

Lívio, Tito 114.
Longo 156-158.
Lucano 51-50.
Lucílio 145-146.
Lucrécio 53-55.

Medeia 42-44, 84, 128.
Menandro 89-91.
mimo 91.
mito 80-81, 100, 111.
moralidade sexual 62, 68-69, 90-91, 122.
Mosco 136.

Névio 22, 44.
Nicandro 21.
Nono de Panópolis 26.
nostalgia 131, 135, 158.

Odisseu 167-168.
Ovídio 24-25, 49-50, 69-70.

Pacúvio 22.
Pandora 52.
pantomima 91.
papirologia 31-33.
peça satírica 78.
Péricles 20, 107.
periodização 17-19.
período republicano 22-23.
Pérsio 146.
persona 58.
Petrônio 159-163.
Píndaro 29, 58, 66-67, 73.
Platão 28, 81, 120-121.
Plauto 22, 92.
Plínio, o Jovem 128.
Plutarco 26.
Políbio 110.
Prometeu 52.
Propércio 69-71.
Prudêncio 26.

Quintiliano 71, 143.
Quinto de Esmirna 26.

religião 39-40, 54.
República 111-121.

românticos 79-80.
romantismo 57, 135, 140.
Rômulo e Remo 47, 111.

sacrifício 59-60.
Safo 32, 59, 64, 64-65, 73-74, 75.
Salústio 112.
Sêneca 95-97.
sexo 151.
Sílio Itálico 51.
simpósio 59.
Sófocles 30, 83.
Sólon 60.

Tácito 115-117, 159.
Teócrito 132-136.
Teógnis 63.
Terêncio 22, 92-93.

Tibulo 69-79.
Tirteu 63.
tragédia 77-85.
tragédia grega 30.
tragédia romana 95-97.
transmissão de textos 29-33.
Tucídides 106-108, 120-121.

Valério Flaco 51.
Valério Máximo 115.
Varrão 136.
Veleio Patérculo 115.
Virgílio
   Éclogas 31, 136-141.
   Eneida 45-49.
   Geórgicas, As 54-55.

Xenofonte de Éfeso 157.

Este livro foi impresso na cidade de Barueri,
nas oficinas da Printi Gráfica, em outubro de 2024,
para a Editora Perspectiva.